essentials

Sven Pastoors · Helmut Ebert

Psychologische Grundlagen zwischenmenschlicher Kooperation

Bedeutung von Vertrauen für langfristig erfolgreiche Zusammenarbeit

 Springer

Sven Pastoors
Düsseldorf, Deutschland

Helmut Ebert
Bestwig, Deutschland

ISSN 2197-6708   ISSN 2197-6716   (electronic)
essentials
ISBN 978-3-658-27290-6   ISBN 978-3-658-27291-3   (eBook)
https://doi.org/10.1007/978-3-658-27291-3

Die Deutsche Nationalbibliothek verzeichnet diese Publikation in der Deutschen Nationalbibliografie; detaillierte bibliografische Daten sind im Internet über http://dnb.d-nb.de abrufbar.

Springer ist ein Imprint der eingetragenen Gesellschaft Springer Fachmedien Wiesbaden GmbH und ist ein Teil von Springer Nature.
Die Anschrift der Gesellschaft ist: Abraham-Lincoln-Str. 46, 65189 Wiesbaden, Germany

Was Sie in diesem *essential* finden können

In diesem Buch finden Sie Tipps und Anregungen…

- wie Sie das Vertrauen Ihrer Kooperationspartner gewinnen können.
- wie Sie Kooperationen dauerhaft zum Erfolg führen.
- wie Sie die Rahmenbedingungen einer Kooperation richtig einschätzen.

Zudem erfahren Sie…

- wieso Menschen, die mit anderen kooperieren, mehr Erfolg im Leben haben.
- welche Faktoren über den Erfolg einer Kooperation entscheiden.
- welche Bedeutung Vertrauen und Respekt für den Erfolg von Kooperationen haben.

Inhaltsverzeichnis

Bedeutung von Kooperation 1

Viele Menschen denken, dass sie nur dann im Leben Erfolg haben und Karriere machen können, wenn sie ihre eigenen Ziele über alles andere stellen. Dies hängt unter anderem mit einer falsch verstandenen Auslegung des Darwin'schen Prinzips „Survival of the fittest" zusammen. Die Steigerungsform „fittest" meint in Bezug auf die Artenvielfalt nicht die Stärksten, sondern die Art, die sich am schnellsten an die Veränderungen in ihrer Umwelt anpassen kann: „Als anschauliches Beispiel für die Überlegenheit kooperativen Handelns und Empathie kann eine Horde von ‚homo oeconomicus' angesehen werden, bei der sich die stärksten und schnellsten Mitglieder der steinzeitlichen Horde bei einem Angriff eines Säbelzahntigers erfolgreich auf die Bäume retteten, während die Schwangeren, Mütter und Kinder gefressen wurden. Der *‚homo cooperativus'* war in dieser gleichen Situation bereit, gemeinsam den Säbelzahntiger zu töten, wenn sich ausreichend viele Gleichgesinnte daran beteiligten. Offensichtlich war die Horde der *‚homo cooperativi'* überlebensfähiger als die der *‚homo oeconomici'"* (Rogall 2012, S. 214). Kooperation erhöht jedoch nicht nur die Überlebensfähigkeit der beteiligten Akteure, sondern hilft diesen auch, die eigenen Ziele dauerhaft mit möglichst geringem Ressourceneinsatz zu erreichen.

Hintergrundwissen: Homo oeconomicus versus homo cooperativus
Der Begriff des *homo oeconomicus* beschreibt *rational* handelnde Menschen, deren gesamtes Handeln auf die Steigerung des eigenen Nutzens ausgerichtet ist. Als *homo cooperativus* werden dagegen *nachhaltig* handelnde Menschen bezeichnet, die aufgrund langfristiger Überlegungen zu Kooperation bereit sind, um die eigenen Ziele dauerhaft zu erreichen. Während der *homo oeconomicus* bei der Bewertung einer Situation ausschließlich die eigenen Interessen zugrunde legt, berücksichtigt der *homo cooperativus* bei seinen Entscheidungen auch deren Auswirkungen auf die Beziehungen zu seinen Kooperationspartnern (vgl. Rogall 2012, S. 205 ff.).

© Springer Fachmedien Wiesbaden GmbH, ein Teil von Springer Nature 2019
S. Pastoors und H. Ebert, *Psychologische Grundlagen zwischenmenschlicher Kooperation,* essentials, https://doi.org/10.1007/978-3-658-27291-3_1

In diesem Buch werden die Definitionen der US-amerikanischen Politikwissen-schaftlerin Helen Milner und des Psychologen Morton Deutsch des Begriffs *Kooperation* zugrunde gelegt. Milner definiert Kooperation als „zielgerichtetes Verhalten, das eine wechselseitige Anpassung der […] Interessen nach sich zieht, sodass am Ende alle Seiten davon profitieren" (Milner 1992, S. 468). Der Psycho-loge Morton Deutsch betrachtet Kooperation dagegen als soziale Beziehung, die in einer bestimmten sozialen Situation durch die Wechselbeziehungen zwischen den Zielen der Akteure entsteht. Dabei unterscheidet er zwischen kooperativen und wettbewerbsorientierten Situationen. In kooperativen Situationen besteht ein positives Verhältnis zwischen den Zielen der Akteure. In wettbewerbsorientierten Situationen stehen diese sich entgegengesetzt gegenüber (vgl. Deutsch 1949, S. 130 f.). Damit ist nicht ausgeschlossen, dass Akteure in einem Bereich kooperieren und gleichzeitig in einem anderen miteinander konkurrieren.

Unterschiedliche Betrachtungsweisen von Kooperation
Die Grundlagen und Rahmenbedingungen der Kooperation werden vor allem innerhalb der allgemeinen Psychologie und der Sozialpsychologie untersucht, zum Beispiel im Bereich der ökonomischen oder der Verhaltenspsychologie. Dabei ergeben sich unterschiedliche Sichtweisen von Kooperation:

- Kooperation als Verhalten und Interaktion zwischen Individuen:
  Kooperation kann als individuelles Verhalten verstanden werden. Bei dieser Betrachtungsweise einer Kooperation stehen folgende Fragen im Mittelpunkt: Warum kooperieren Menschen miteinander? Was nützt ihnen persönlich die Kooperation? Und wie können sie die Kooperation zum Erfolg führen? Voraussetzungen für das Gelingen von Kooperation sind in diesem Fall die persönliche Bereitschaft zur Zusammenarbeit und Kompetenzen wie Team-fähigkeit oder Empathie. Die dieser Perspektive zugrunde liegenden Konzepte gehen davon aus, dass vor allem das individuelle Verhalten der Beteiligten dar-über entscheidet, ob Kooperation zustande kommt oder nicht.
- Kooperation als Prozess innerhalb von Gruppen oder Teams:
  Eine weitere Perspektive ist Kooperation als Prozess innerhalb von Gruppen oder Teams. Diese Perspektive nimmt zum Beispiel der Pädagoge Heinz Rosenbusch ein. Er definiert Kooperation als die freiwillige Bündelung indivi-dueller Erfahrungen und Wissens, um ein gemeinsames Ziel zu erreichen (vgl. Rosenbusch 2005): Wie kann die Kommunikation zwischen den Mitgliedern einer Gruppe oder eines Teams verbessert werden? Wie lässt sich aus einer Gruppe ein Team formen? Wie können die Mitglieder eines Teams am bes-ten zur Zusammenarbeit motiviert werden? Der Fokus dieses Ansatzes liegt

auf gruppenspezifischen Prozessen, wie der Kommunikation innerhalb einer Gruppe oder der Teambildung.

- Kooperation innerhalb oder zwischen Organisationen:
  Entscheidend für die Kooperation innerhalb oder zwischen Organisationen ist aus dieser Perspektive nicht das Verhalten des Einzelnen, sondern die Struktur der Organisation bzw. die zwischen einzelnen Organisation bestehenden Institutionen (Regeln, Verträge, Gesetze): Was nützt Kooperation einer Organisation? Wie kann sie Kooperation fördern? Und inwieweit erlaubt die Struktur dem Einzelnen, eigenverantwortlich zu entscheiden und mit anderen zu kooperieren? Wie müssen die Institutionen beschaffen sein, damit der größtmögliche Nutzen für die Organisation bzw. die beteiligten Organisationen entsteht? Entscheidende Faktoren für den Erfolg von Kooperation sind in diesem Fall der Entscheidungsspielraum und der Einfluss der Beteiligten.

- Kooperation als Interaktion zwischen den Mitgliedern eines Systems oder einer Gesellschaft:
  Der Begriff Kooperation beschreibt in diesem Fall die Fähigkeit der Mitglieder eines sozialen Systems, gemeinsam Problemlösungen zu erarbeiten und die dabei anfallenden Entscheidungen demokratisch zu treffen: Welche Bedeutung hat Kooperation für den Zusammenhalt innerhalb des Systems? Wie muss ein System beschaffen sein, um die Zusammenarbeit zwischen seinen Mitgliedern zu ermöglichen? Voraussetzung für das Gelingen von Kooperation ist in diesem Fall, ein soziales System so zu verändern, dass Konfliktursachen beseitigt werden und innerhalb des Systems eine Kultur der Kooperation entsteht. Ob die Kooperation in einem sozialen System erfolgreich ist, hängt zudem von den Elementen des jeweiligen sozialen Systems ab: also von den Personen, ihren Einstellungen, Emotionen und Gedanken, von ihren konkreten Verhaltensweisen, sowie von den offiziellen und inoffiziellen Regeln des Systems (vgl. König 1991).

Unterschiedliche Perspektiven einer Kooperation seitens der beteiligten Akteure können diese erheblich erschweren. Dies gilt vor allem, wenn die Beteiligten unterschiedliche Kriterien zur Beurteilung der aktuellen Situation zugrunde legen. Individuelle Kriterien zur Bewertung der Kooperation in Organisationen sind z. B. Werthaltungen, Einstellungen, Erwartungen und Vertrauen. Institutionelle Kriterien sind dagegen z. B. die Struktur der Organisation, der gewählte Führungsstil oder die Kultur einer Organisation (vgl. Hacker 1998).

Je nach Grad des Vertrauens zwischen den beteiligten Akteuren kann Kooperation informell oder formell durch vertragliche Verpflichtungen und Kontrollstrukturen, sowie durch Hierarchien und Regeln strukturiert werden. Formelle Kooperationen können sich mit der Zeit in informelle Kooperationen verändern, wenn das Vertrauen zwischen den Akteuren wächst. In diesem Fall werden Regeln nicht mehr benötigt (vgl. Spieß 2000).

Voraussetzungen für den Erfolg von Kooperationen
Doch welche Faktoren müssen gegeben sein, damit eine Kooperation zustande kommt und am Ende alle Beteiligten davon profitieren? Der Fokus liegt in diesem Essential auf den Muss-Kriterien für eine Kooperation, die unabhängig von der Situation und der jeweiligen Perspektive ihre Gültigkeit behalten, und nicht auf Kriterien, die eine Kooperation nur in einzelnen Fällen begünstigen.

Der wechselseitige Vorteil einer vertrauensvollen Zusammenarbeit entsteht nur, wenn folgende Bedingungen gegeben sind:

- **Die beteiligten Akteure sind dazu in der Lage, eine Kooperation einzugehen:** Die generelle Fähigkeit zu kooperieren ist eine zentrale Voraussetzung für den Kooperationserfolg. Kooperation setzt ein gewisses Maß an Entscheidungs- und Handlungsfreiheit der beteiligten Partner voraus. Dies ist deswegen von Bedeutung, da die Beziehung der Akteure während einer Kooperation durch gegenseitige Abhängigkeit gekennzeichnet ist (vgl. Spieß 2000) (Kap. 2 Fähigkeit zur Kooperation).
- **Die Kooperation wird langfristig von gemeinsamen Interessen getragen:** Kooperation kommt nur zustande, wenn alle Akteure grundsätzlich zur Zusammenarbeit bereit sind und nicht einer der Akteure seine Einzelinteressen über die gemeinsamen Ziele stellt (wie z. B. der US-amerikanische Präsident gemäß dem Slogan „America first"). Sie setzt somit eine Schnittmenge gemeinsamer Interessen der beteiligten Akteure voraus. Ziele einer längerfristigen Zusammenarbeit sind dabei das Schaffen eines gemeinsamen Nutzens, die Lösung gemeinsamer Probleme und/oder die Steigerung des gemeinsamen Handlungspotenzials (vgl. Meyers 2000, S. 449; Axelrod 2009) (Kap. 3 Bereitschaft zur Kommunikation).
- **Die beteiligten Akteure gewähren ihrem Kooperationspartner einen Vertrauensvorschuss und können die mit einer Kooperation verbundenen Verpflichtungen klar abschätzen:** Wenn außergewöhnlich viel auf dem Spiel steht, bringt das einmalige Übervorteilen der anderen Seite einer Person unter Umständen einen größeren Gewinn als eine langfristige Zusammenarbeit. Es ist daher rational, wenn sich Personen in solchen Situationen deutlich misstrauischer verhalten als sonst (vgl. Dießel 2012, S. 12; Axelrod 2009) (Kap. 4 Vertrauen).

- **Die beteiligten Akteure haben Interesse an einer langfristigen oder einer erneuten Zusammenarbeit:** Wenn eine Person mit einer anderen nur einmalig zusammenarbeitet, ist es wirtschaftlich betrachtet rational, wenn beide Seiten versuchen, so viel wie möglich für sich selbst herauszuholen (vgl. Trivers 1971, S. 35 f.; Axelrod 2009). Ein Beispiel dafür sind große öffentliche Bauvorhaben. Vor allem wenn es sich um einmalige Projekte handelt, ist die Verlockung für ein Bauunternehmen groß, seine Kunden zu übervorteilen, da ein Folgegeschäft höchstwahrscheinlich nicht zustande kommen wird. Im normalen Wirtschaftsleben hingegen ist das anders. Ein Bäcker hat Interesse daran, am nächsten Tag weitere Brötchen zu verkaufen und geht daher respektvoll mit den Interessen seiner Kunden um (Kap. 5 Beziehung zwischen den Beteiligten).
- **Die beteiligten Akteure sind in der Lage, ihre Interessen zu kommunizieren, eventuelle Kommunikationshindernisse zu beseitigen und Signale der Gegenseite richtig zu deuten:** Für das Gelingen von Kooperation bedarf es einer Abstimmung der gegenseitigen Ziele, des gemeinsamen Informationsaustausches, wechselseitiger Kommunikation und konstruktiver Problemdiskussionen zwischen den Partnern. Hierzu ist ein gewisser Vorlauf erforderlich, in dem die Kooperation erprobt wird und sich das Vertrauen in den Kooperationspartner entwickeln kann (vgl. Tjosvold 1988). Dabei spielt die Deutung der Signale, die für die Einschätzung der Glaubwürdigkeit des Partners relevant sind, eine zentrale Rolle (vgl. Stahl und Menz 2014, S. 72–75) (Kap. 6 Kommunikation).
- **Beide Kooperationspartner handeln rational und schätzen die Situation realistisch ein:** In Kooperationen sind genau wie bei erfolgreichem individuellem Handeln eine gründliche Situationsanalyse, möglichst konkrete Ziele und das Ableiten geeigneter Maßnahmen von großer Bedeutung (vgl. Hacker 1998, S. 157; Axelrod 2009). (Kap. 7 Realistische Einschätzung der Situation).

Doch wie können Sie dieses Wissen nutzen? Und was können Sie tun, um den Erfolg Ihrer Kooperationen zu erhöhen? Diese beiden Fragen werden in den kommenden Kapiteln beantwortet. Dabei wird jedem der sechs Punkte ein eigenes Kapitel gewidmet.

Fähigkeit zur Kooperation 2

Die generelle Fähigkeit zur Kooperation ist eine wichtige Voraussetzung, um mit anderen erfolgreich zusammenarbeiten zu können. So erfordert Kooperation zum Beispiel Entscheidungs- und Handlungsfreiheit der beteiligten Partner. Dies ist unter anderem deswegen von Bedeutung, da die Akteure während einer Kooperation gegenseitige Verpflichtungen eingehen (vgl. Spieß 2000). Deswegen ist die Kenntnis der eigenen Ziele und Werte, sowie Stärken und Schwächen (persönliche Identität) von großer Bedeutung. Zur Kooperationsfähigkeit zählen aus Sicht von Georg Schreyögg und Jochen Koch außerdem soziale Kompetenzen wie z. B. Teamfähigkeit oder Empathie (vgl. Schreyögg und Koch 2010, S. 24).

2.1 Persönliche Identität

Identität ist die wichtigste Voraussetzung für Kooperation, da niemand gerne mit einem Unbekannten zusammenarbeitet. Die Identität, beziehungsweise das die Identität zum Ausdruck bringende Verhalten, ist Grundlage der Imagebildung auf der Seite des Gegenübers. Entsprechend muss die Aufmerksamkeit des Sprechers der eigenen Identität und den damit verbundenen Werten gelten, sowie den Wertansprüchen und Wahrnehmungseindrücken des Gegenübers. Damit das Gegenüber einen schlüssigen und überzeugenden Eindruck gewinnt, muss der Sprecher darauf achten, in Übereinstimmung mit sich selbst und seinen Werten zu handeln. Das setzt ein Bewusstsein des eigenen Ichs und der persönlichen Identität voraus (vgl. Waldenfels 2004, S. 145).

Um eine persönliche Identität entwickeln zu können, muss ein Akteur sein eigenes Handeln hinterfragen und sich seiner persönlichen Werte und Einstellungen bewusst werden. Dies setzt Selbstreflexion, Selbstbewusstsein und Selbstvertrauen voraus.

© Springer Fachmedien Wiesbaden GmbH, ein Teil von Springer Nature 2019
S. Pastoors und H. Ebert, *Psychologische Grundlagen zwischenmenschlicher Kooperation*, essentials, https://doi.org/10.1007/978-3-658-27291-3_2

Im Laufe einer Kooperation können die Ziele der beteiligten Akteure von Widersprüchen geprägt sein. So möchte ein Akteur z. B. gerne die Vorteile einer Kooperation nutzen, ohne die damit verbundenen Verpflichtungen einzugehen. In solchen Fällen sollte er sich die Frage nach seinen Prioritäten, den ihm zur Verfügung stehenden Ressourcen und seinen persönlichen Werten stellen. Er muss sich seiner selbst und seiner Werte bewusst werden. Hierzu muss er auch seine eigenen Stärken und Schwächen, die eigenen Vorlieben und Abneigungen kennen – also alles, was letztlich auf seinen persönlichen Werten beruht (vgl. Welsh und Kersten 2013, S. 114). Das persönliche Wertesystem ist somit nicht nur Bestandteil der persönlichen Identität, sondern auch eine wichtige Voraussetzung, um in einer Kooperation die richtigen Entscheidungen zu treffen.

Gemeinsam geteilte Werte haben im Rahmen der Kooperation zudem eine verbindende Funktion. Sie geben den beteiligten Akteuren eine Orientierung für ihre Zusammenarbeit, unabhängig davon, durch welche Normen sie konkretisiert und durch welche Institutionen sie abgesichert werden. Gemeinsam geteilte Werte bilden somit die Grundlage für die Spielregeln einer Zusammenarbeit.

2.2   Emotionale Intelligenz

Für den Erfolg einer Kooperation ist es zudem von großer Bedeutung, sowohl eigene als auch die Gefühle anderer korrekt wahrzunehmen. Der Bereich der Gefühle wurde lange Zeit von der Organisationsforschung vernachlässigt. Das hat sich mit dem Konzept der *emotionalen Intelligenz* geändert, das vom Zusammenspiel von Gefühl und Verstand ausgeht (vgl. Küpers und Weibler 2005, S. 120–162). Der Begriff wurde im Jahr 1990 von den amerikanischen Wissenschaftlern John Mayer und Peter Salovey geprägt. Er beschreibt die Fähigkeit, die eigenen und die Gefühle anderer (korrekt) wahrzunehmen, zu verstehen und zu beeinflussen. Emotionale Intelligenz gilt deshalb als einer der Schlüsselfaktoren für den Erfolg von Kooperationen (vgl. Salovey und Mayer 1990; Küpers und Weibler 2005, S. 120).

Der Psychologe Daniel Goleman hat den Begriff weiterentwickelt. Er fasst emotionale Intelligenz als eigenständige (Querschnitts-)Kompetenz auf. Dabei unterscheidet er zwischen intrapersonaler und interpersonaler Intelligenz bzw. Kompetenz (vgl. Goleman 1997):

- **Intrapersonale Intelligenz** beschreibt die Fähigkeit, das eigene Erleben realistisch und differenziert erforschen und auswerten zu können. Das beinhaltet auch, ein zutreffendes Bild von sich selbst zu entwickeln. Dies ist der

Schlüssel zur Selbstkenntnis. Die eigenen Gefühle, Gedanken und Impulse können leichter reguliert werden.

- **Interpersonale Intelligenz** beschreibt dagegen die Fähigkeit, bedeutsame Unterschiede und Wechselwirkungen zwischen Menschen zu erkennen, zu verstehen und diese sowohl bei der Kommunikation, als auch bei der Kooperation zu nutzen. Sie befähigt Menschen, sich auf andere Menschen einzustellen, sich in sie einzufühlen und mit ihnen zusammenzuarbeiten. Interaktionen und langfristige Beziehungen können so differenzierter und konfliktfreier gestaltet werden (Goleman 1997, S. 65 f.).

Intrapersonale Intelligenz
Zur intrapersonalen Intelligenz (persönliche Kompetenzen) gehören folgende Fähigkeiten:

- **Die eigenen Emotionen kennen (Selbstwahrnehmung):** Diese Fähigkeit ist entscheidend, um das eigene Verhalten und die eigene Motivation verstehen zu können. Viele Menschen haben Angst davor, ihren Gefühlen ausgeliefert zu sein. Anstatt sich ihrer Emotionen bewusst zu werden, versuchen sie deshalb, diese zu bekämpfen oder zu vermeiden. Mit zunehmender Selbstwahrnehmung entwickeln sich Selbstvertrauen und eine zutreffende Selbsteinschätzung (vgl. Küpers und Weibler 2005, S. 123).
- **Emotionen beeinflussen (Selbstregulation):** Dies umfasst die Fähigkeiten, Gefühle so zu leben, wie es der Situation angemessen ist (statt zu dramatisieren oder zu verharmlosen), sich selbst zu beruhigen, negative Gefühle zu verarbeiten (wie z. B. Angst, Gereiztheit, Enttäuschung oder Kränkung) und positive Gefühle zu verstärken. Dies hilft bei der Überwindung von Rückschlägen oder belastenden Situationen. Menschen, die „Herr" ihrer Gefühle sind, bleiben auch in kritischen Situationen gelassen. Ihre Wahrnehmung ist geschärft. Sie können sich besser auf veränderte Situationen einstellen und unerwartete Chancen ergreifen (vgl. ebd., S. 123).
- **Emotionen in die Tat umsetzen:** Um sich selbst motivieren zu können, müssen Menschen ihre Emotionen so beeinflussen können, dass sie ihnen dabei helfen, ihre Ziele zu erreichen. Hierzu ist es erforderlich, dass eine Person dazu in der Lage ist, kurzfristigen (emotionalen) Vorteilen und Verlockungen zu widerstehen (Belohnungsaufschub) und impulsive Reaktionen zu unterdrücken. Ein solches, nachhaltiges Handeln ist die Grundlage für langfristigen Erfolg. Darüber hinaus fördert diese Fähigkeit die Kreativität, sowie die Wahrnehmung von Erfolgserlebnissen.

Interpersonale Intelligenz

Interpersonale Intelligenz (soziale Kompetenzen) zeichnet sich dagegen durch folgende Fähigkeiten aus:

- **Empathie:** Dies ist die Grundlage zwischenmenschlicher Beziehungen. Ein Mensch, der versteckte Signale im Verhalten anderer wahrnimmt, erkennt eher, was andere fühlen. Umgekehrt führt ein Mangel an Empathie zu schwerwiegenden Störungen des Miteinanders. Empathie ist deshalb eine wichtige Voraussetzung für den Erfolg von Zusammenarbeit. Sie ermöglicht es einer Person, das Denken, Fühlen und Wollen anderer Menschen nachzuvollziehen. Jeder Mensch verfügt über Empathie. Die Ausprägung wird jedoch stark durch seine Sozialisation (Erziehung, das soziale Umfeld) und die Fähigkeit zur Deutung der aktuellen Situation beeinflusst. Für die Bewältigung vieler sozialer Prozesse (wie z. B. interpersonale Konflikte) ist es wichtig, die Motive anderer Menschen zu verstehen. Hierzu reicht es nicht aus, die Gefühle und Bedürfnisse des anderen nach zu vollziehen. Um das Gegenüber zu verstehen, müssen sich Menschen auch in die Situation ihres Gegenübers hineinversetzen und deren Denkweise nachvollziehen können.
- **Umgang mit Beziehungen:** Die Grundlage für die erfolgreiche Pflege von Beziehungen ist der aufmerksame Umgang mit den Gefühlen anderer Menschen, was auch eine sensible und selbsterklärende Wortwahl, sowie die Fähigkeit zum aktiven Zuhören beinhaltet. Dies ist in nahezu allen Lebensbereichen die Voraussetzung für eine reibungslose Zusammenarbeit. Es fördert die Beliebtheit, Wertschätzung und Integration in eine Gemeinschaft. Die Fähigkeit zur aktiven Gestaltung von Beziehungen fördert Teamarbeit und Kooperation, stärkt die Bindungen zwischen den Mitarbeitern und hilft, Konflikte oder Veränderungen in der Organisation zu bewältigen (vgl. Küpers und Weibler 2005, S. 123).

Goleman weist darauf hin, dass sich gute Kooperationspartner durch ein hohes Maß an emotionaler Intelligenz auszeichnen. Sie schätzen Menschen anhand ihrer Leistungen ein und lassen sich nicht von Vorurteilen blenden (vgl. Goleman 1999, S. 193). Wenn Unternehmen emotionale Intelligenz richtig einsetzen und fördern, kann sie die Zusammenarbeit innerhalb eines Unternehmens oder einer Organisation entscheidend voranbringen.

2.3   Team- und Integrationsfähigkeit

Ein weiterer Aspekt der Kooperationsfähigkeit ist die Teamfähigkeit. Der Begriff „Team" stammt aus dem Englischen und beschreibt eine Gruppe von Personen, die gemeinsam auf ein Ziel hinarbeiten, wie z. B. eine Mannschaft. Umgangssprachlich werden die Begriffe „Gruppe" und „Team" häufig synonym benutzt. Dennoch ist der Gruppenbegriff vom Teambegriff abzugrenzen (vgl. Becker 2017, S. 157 f.). Lutz von Rosenstiel definiert ein Team als „eine Mehrzahl von Personen, die […] für eine längere Dauer beisammen sind, dabei Rollen ausdifferenzieren, gemeinsame Normen, Werte und Ziele entwickeln, sowie Kohäsion [Zusammenhalt] in dem Sinne zeigen, dass die Zusammengehörigkeit für die Mitglieder attraktiv ist, woraus sich das Wir-Gefühl ergibt" (von Rosenstiel et al. 2003, S. 350). Ein Team ist somit eine Gruppe mit einer gemeinsamen Aufgabe, deren Leistung von höherer Qualität ist, als dies durch die Summe der Einzelbeiträge möglich wäre. Infolge eines nach und nach entwickelten Zusammengehörigkeitsgefühls gewichten die Teammitglieder im Laufe der Zeit das Gemeininteresse höher als ihre Einzelinteressen (vgl. Schulz von Thun 1998).

Zu den Kernmerkmalen eines Teams zählt aus Sicht der Psychologen Friedemann Nerdinger, Gerhard Blickle und Niclas Schaper auch Kooperation. Die Hauptfunktion von Teamarbeit bestehe darin, gemeinsam Aufgaben in einem organisationalen Kontext zu bearbeiten. Um diese Aufgaben bewältigen zu können, müssen die Teammitglieder miteinander kooperieren. Hierzu teilen sie die Arbeit untereinander auf, organisieren sie sich und treffen gemeinsam Entscheidungen (vgl. Nerdinger et al. 2014, S. 397). Je besser es Teams gelingt, ihr kreatives Potenzial zu entfalten, Erfahrungen auszutauschen und sich mit der Aufgabe und ihrer Gruppe zu identifizieren, desto besser ist die Teamleistung und desto höher ist „die Chance, sich in größerem Ausmaß selbst zu steuern" (Irle 2006, S. 23).

Als teamfähig gelten Menschen, die dazu bereit und fähig sind, mit anderen zusammenzuarbeiten, Ideen und Gedanken auszutauschen, gemeinsame Lösungen zu erarbeiten und sich gegenseitig zu fördern. Die Förderung der Teamprozesse zählt deshalb zu den Hauptaufgaben von Führungskräften.

Eine weitere Voraussetzung, um erfolgreich im Team zusammenarbeiten zu können, ist zudem Integrationsfähigkeit. Dieser Begriff beschreibt die Fähigkeit, unterschiedliche soziale Bestrebungen, Interessen und Aktionen zu gemeinsamem Handeln zu bündeln und für sich zu nutzen. Mit Integration ist somit nicht das Ziel, sondern der Prozess gemeint. Im Laufe integrativer Prozesse kommen „Einigungen" zwischen gegensätzlichen Sichtweisen, interagierenden Personen und Personengruppen zustande. Bei Integrationsfähigkeit geht es um die Wahrnehmung und den Ausgleich gegensätzlicher Anschauungen, sowie um Probleme der Akzeptanz, unter anderem von Menschen mit einer anderen kulturellen Prägung (vgl. von der Linde und von der Heyde 2007).

Bereitschaft zur Kooperation 3

Der Psychologe Werner Stangl definiert Kooperationsbereitschaft als die generelle Bereitschaft eines Menschen oder einer Organisation, die eigenen Bedürfnisse mit den Bedürfnissen anderer abzustimmen, um gemeinsame Ziele zu erreichen (vgl. Stangl 2019). Sie ist deshalb eine zentrale Voraussetzung für den persönlichen Erfolg. Je mehr eine Person versucht, sich auf Kosten anderer zu verwirklichen, desto weniger wird ihr dies gelingen. Mithilfe der Spieltheorie haben Wissenschaftler unterschiedlicher Disziplinen bewiesen, dass langfristiger Erfolg nur möglich ist, wenn Akteure bei der Kooperation mit anderen Menschen auf kurzfristige Gewinnmaximierung verzichten und stattdessen darauf achten, dass alle Beteiligten von der Zusammenarbeit profitieren (vgl. Rogall 2012, S. 214). Der Berliner Autor und Philosoph Wilhelm Schmid betont in diesem Zusammenhang den Wert der Kooperationsbereitschaft für den persönlichen Erfolg: „Wer ausschließlich sich selbst betrachtet, hat keine Freunde, findet keinen Partner, macht keine Karriere. Kluge Egoisten hingegen begreifen, dass sie andere Menschen brauchen. Wirklich reich im Leben werden wir nie durch uns selber, nur durch andere. Deshalb ist es kluger Egoismus, sich an andere Menschen, das heißt aber auch an andere Werte zu binden." (Wilhelm Schmid zit. nach Ramge 2008).

Hintergrundwissen: Spieltheorie

Ein bedeutender Ansatz zur Untersuchung der Erfolgsfaktoren und Funktionsweise von Kooperationen ist die Spieltheorie. Dabei steht das Verhalten von Individuen und Gruppen im Vordergrund. Die Spieltheorie geht auf ein Experiment des Mathematikers John von Neumann und des Ökonomen Oskar Morgenstern zurück. Diese untersuchten mithilfe der Spieltheorie, wie sich Individuen in bestimmten Situationen verhalten. Dabei nutzten sie mathematische Methoden, um strategische Entscheidungen in unterschiedlichen Situationen zu analysieren. Die Methoden der Spieltheorie werden heutzutage z. B. in der Neuen Institutionenökonomik, der ökonomischen Psychologie und in der Sozialpsychologie genutzt (vgl. Kleinbeck 2000).

Eines der bekanntesten Experimente aus dem Bereich der Spieltheorie ist das sogenannte Gefangenendilemma. Dabei müssen sich zwei Personen in die Lage von zwei Angeklagten versetzen. Anschließend werden beide unabhängig voneinander zu einer vermutlich gemeinsam begangenen Tat befragt. Ihr Strafmaß hängt wechselseitig davon ab, ob sie die Tat gestehen oder leugnen:

- Leugnen beide die Tat, so erhalten sie eine vergleichsweise geringe Strafe.
- Falls nur einer von beiden die Tat gesteht, so geht dieser straffrei aus und der andere erhält die Höchststrafe.
- Gestehen beide die Tat, so wird das Strafmaß bei beiden etwas gemindert (vgl. Clases und Wehner 2000).

Das Gefangenendilemma ist eine der meist untersuchten Spielsituationen und lässt sich auf viele unterschiedliche Situationen übertragen. Es gilt als Prototyp eines sozialen Dilemmas, in dem die Akteure zwischen kurzfristigen Eigeninteressen und langfristigen Kooperationsgewinnen abwägen müssen. Dabei zeigte sich in zahlreichen Experimenten der Einfluss der persönlichen Beziehung zwischen den Akteuren auf deren Verhalten (vgl. Spieß 2000; Dießel 2012, S. 50). Beim Gefangengendilemma setzen die Forscher einen rational denkenden Menschen („homo oeconomicus", siehe Kap. 1 Bedeutung von Kooperation) voraus, der auf Basis seiner Bewertung der aktuellen Situation die für ihn bestmögliche Entscheidung trifft (vgl. Clases und Wehner 2000; Axelrod 2009).

3.1   Reziproker Altruismus

Der Anthropologe Robert Trivers erklärt die aktive Bereitschaft zur konstruktiven Zusammenarbeit mit dem Phänomen des „Reziproken Altruismus" (Trivers 1971, S. 35–37): Menschen sind dazu bereit, offen mit anderen zusammenzuarbeiten und ihnen zu helfen, wenn sie erwarten können, dass sie in Zukunft selber mit Hilfe rechnen können bzw. dass ihnen andere ihr Verhalten in Zukunft auf eine gewisse Art vergüten werden (vgl. Trivers 1971, S. 35–37).

So lange sich ihr Gegenüber kooperativ verhält, arbeiten die meisten Menschen ebenfalls kooperativ mit ihm zusammen. Falls ihr Gegenüber jedoch versucht, sich einseitige Vorteile zu verschaffen, reagieren sie darauf sofort, aber mit angemessenen Sanktionen. Auf jede Sanktion sollte ein erneutes Angebot zur konstruktiven Zusammenarbeit erfolgen. Das Gegenüber lernt auf diese Weise schnell, dass ihm unfaires Verhalten keine Vorteile bringt. Es wird deshalb künftig ebenfalls auf eine konstruktive Zusammenarbeit setzen.

Versucht jedoch einer der Partner, seine Interessen rücksichtslos durchzusetzen, verprellt er so seine Kooperationspartner. Er verbaut sich die Chance, in Zukunft mit denselben Partnern erneut zusammenzuarbeiten. Kurzfristig kann er seine Mitmenschen möglicherweise übervorteilen, doch auf dieser Basis kann sich keine langfristige Zusammenarbeit entwickeln. Wer derart kurzsichtig und egoistisch handelt, muss sich ständig neue Partner suchen und verliert auf diese Weise Zeit. Deshalb erzielt er am Ende ein schlechteres Ergebnis als jemand, der mit seinen Mitmenschen im Rahmen einer Kooperation vertrauensvolle Beziehungen zum beiderseitigen Vorteil („Win-win-Situation") aufbaut.

3.2 Strategie des gegenseitigen Vertrauens

Menschen kooperieren somit mit anderen nicht aus reiner Selbstlosigkeit (Altruismus), sondern aus rational kalkuliertem Eigeninteresse. Indem sie ihre Interessen untereinander abstimmen und ihre Ressourcen miteinander verbinden, können Personen oder Organisationen im Rahmen von Kooperationen Dinge erreichen, zu denen sie allein nicht in der Lage wären. Ausgangspunkt und Treiber für Kooperationen ist somit der erwartete Nutzen (vgl. Grossmann et al. 2007, S. 107 f.). Die Bereitschaft, miteinander zu kooperieren, hängt folglich von den Zukunftserwartungen der beteiligten Akteure ab. Je größer die Wahrscheinlichkeit ist, dass sich die Gegenseite in Zukunft kooperativ verhält, desto größer ist die eigene Bereitschaft, in der Gegenwart mit ihr zu kooperieren (vgl. Milner 1992, S. 474 f.). Wie attraktiv einem Akteur die Kooperation mit anderen Akteuren erscheint, hängt dabei aus Sicht von Grossmann und seinen Kollegen vor allem von deren Ressourcen und Leistungen ab. Entsteht über die Zeit nicht der erhoffte Nutzen, so sinkt in der Regel das Interesse der beteiligten Akteure, sich kooperativ zu verhalten (Grossmann et al. 2007, S. 107 f.). Dies gilt jedoch nicht für die sogenannten „aufgeklärten" bzw. „klugen" Egoisten. Diese sind dazu bereit, auf kurzfristigen Nutzen zugunsten einer längerfristigen Perspektive verzichten (vgl. Ramge 2008; Grossmann et al. 2007, S. 108).

Gemäß Holger Rogall hat der Mensch „gelernt, dass seinen Nutzen auf Kosten anderer kurzfristig zu maximieren, zu einer suboptimalen Bedürfnisbefriedigung und Überlebenschance führt. Da er erkennt, dass er auf die Bestätigung und die Hilfe anderer angewiesen ist, wird er versuchen, dafür zu sorgen, dass es (in Maßen) auch seinen Mitmenschen gut geht, weil sie dann zu größeren materiellen und immateriellen Gegenleistungen und der Erzeugung von Synergieeffekten bereit sind" (Rogall 2012, S. 214). Um das optimale Ergebnis zu erzielen, müssen sich bei einer langfristig angelegten Zusammenarbeit alle Akteure gegenseitig vertrauen. Dies setzt jedoch „aufmerksames" Vertrauen voraus. Wer anderen blind vertraut und sich unabhängig vom Verhalten seiner Mitmenschen immer kooperativ verhält, ermutigt sie dazu, ihn auszunutzen und ihre eigenen Interessen in den Vordergrund zu stellen. Wenn Akteure eine Strategie gegenseitigen

Vertrauens verfolgen, verzichten sie nicht auf Kontrolle und Sanktionen, sondern verhalten sich in jeder Hinsicht berechenbar. Die Kooperation kann dabei sowohl auf freiwilligen Vereinbarungen zwischen den beteiligten Akteuren als auch auf dem Prinzip der Erwartungsverlässlichkeit zukünftigen Handelns beruhen (vgl. Pastoors 2005, S. 26).

Vertrauen 4

Ein wichtiger Faktor für eine dauerhaft erfolgreiche Kooperation ist Vertrauen. Es hilft den beteiligten Akteuren, die Komplexität der gemeinsamen Zusammenarbeit zu reduzieren. Hierzu benötigen die Akteure Vertrauen in sich selbst, Vertrauen zu den Kooperationspartnern und Vertrauen in die Kooperation an sich. Vertrauen setzt zudem eine optimistische Grundhaltung und ein für die Kooperation angemessenes Maß an Transparenz voraus (vgl. Payer 2014, S. 7).

Ohne ein solches Grundvertrauen wären zwischenmenschliche Beziehungen nicht möglich. Die moderne Gesellschaft würde nicht funktionieren, wenn Menschen allen anderen Menschen, die sie neu kennenlernen oder die ihnen auf der Straße begegnen, unterstellen würden, dass diese sie möglicherweise ausrauben oder ermorden möchten (vgl. Dießel 2012, S. 12). Jeder Einzelne wägt genauestens ab, wem er in welcher Situation wie viel Vertrauensvorschuss gewährt. Wenn einem nachts auf einer dunklen Straße eine zwielichtige Gestalt entgegenkommt, gewähren die meisten Menschen dieser Person einen geringeren Vertrauensvorschuss als tagsüber in der Fußgängerzone. Das gesamte Zusammenleben basiert auf der Erwartung, dass sich die Mitmenschen friedvoll und gesittet verhalten.

Je länger eine Person jemanden kennt, ohne schlechte Erfahrungen mit ihm gemacht zu haben, desto größer wird das Vertrauen zu ihm (vgl. ebd.). Auch freundliche Kommunikation wirkt vertrauensbildend. So lässt sich erklären, wieso jemand seinen Sitznachbarn im Café bittet, auf sein Gepäck aufzupassen, obwohl er diesem vor einer Stunde zum ersten Mal begegnet ist. Die Wahrscheinlichkeit, dass es sich hierbei um einen Dieb handelt, ist genauso groß wie bei jedem anderen, der gerade vor dem Café vorbeigeht.

Dieses Vertrauen ist jedoch nicht grenzenlos. Jemandem, dem sie für fünf Minuten ihr Gepäck anvertrauen, würden die meisten Menschen nicht zwangsläufig auch ihr Portemonnaie oder ihre Kinder überlassen. Das bedeutet nicht, dass ihnen ihr Geld wichtiger ist als ihr Gepäck. Allerdings gehen sie davon aus,

© Springer Fachmedien Wiesbaden GmbH, ein Teil von Springer Nature 2019   17
S. Pastoors und H. Ebert, *Psychologische Grundlagen zwischenmenschlicher Kooperation*, essentials, https://doi.org/10.1007/978-3-658-27291-3_4

dass die Versuchung, ihr Vertrauen zu missbrauchen, bei Geld größer und der Missbrauch leichter zu realisieren ist als bei ihrem Gepäck.

Abgesehen von diesem Grundvertrauen basiert Vertrauen auch auf der Erwartung, sich in kritischen Situationen auf den anderen verlassen zu können. Nur weil Menschen über einen längeren Zeitraum freundlich miteinander umgehen, bildet sich noch kein Vertrauen, sondern nur Vertrautheit. Im Gegensatz zur Vertrautheit gibt Vertrauen einem die Gewissheit, sich auf einen Menschen auch dann verlassen zu können, wenn dieser in Versuchung kommt, lieber seine eigenen Interessen zu verfolgen.

4.1   Personales Vertrauen

Es gibt viele Arten des Vertrauens: persönliches Vertrauen (als Grundlage für die Zusammenarbeit zwischen zwei Menschen), das Vertrauen in Institutionen (zum Beispiel als Vertrauen in deren Wertintegrität), das Vertrauen in Organisationen (zum Beispiel als Vertrauen der Kunden auf die Kompetenz und Leistung eines Dienstleisters) oder Systemvertrauen (zum Beispiel als Vertrauen in die Beachtung von Gesetzen), Versicherungen (zum Beispiel als Schadenersatz) oder Geldwesen (zum Beispiel als Vertrauen in die Wertbeständigkeit). Für den Erfolg in der Kommunikation kommt es vor allem auf das personale Vertrauen an, das sowohl Selbstvertrauen als auch Kooperations- und Koordinations-Vertrauen umfasst. Nach Hubig ist Vertrauen durch folgende Merkmale gekennzeichnet:

- Vertrauen beruht auf einer riskanten Vorentscheidung zugunsten eines erwarteten Nutzens beziehungsweise Kooperationsgewinns.
- Diese Vorentscheidung ist deshalb riskant, weil die Beteiligten im Fall einer Enttäuschung einen Schaden in Kauf nehmen müssen.
- Die Vorentscheidung ist nicht kalkulierbar. Da die Kalkulationsbasis fehlt, ersetzt die Vorentscheidung eine Risikokalkulation (vgl. Hubig 2014, S. 351–370).

Luhmann weist darauf hin, dass bestehendes Vertrauen einen Schwellencharakter hat: „Nicht jede Unstimmigkeit weckt Zweifel an den vertrauten Zügen der Umwelt, nicht jede Enttäuschung zerstört Vertrauen" (Luhmann 2014, S. 96). Die Partner müssen jedoch aufpassen, dass sie nicht die Grenze überschreiten, „wo Vertrautheit oder Vertrauen abrupt in Misstrauen umschlagen" (vgl. ebd., S. 96).

4.2 Vertrauen schaffen

Vertrauen kann das Ergebnis einer längeren Beziehungsgeschichte sein, in der die Partner eine Vertrauensbeziehung aufgebaut haben beziehungsweise in der sich eine solche entwickeln konnte. Kommunikation dient den Beteiligten dabei einerseits dazu, Handlungen des anderen zu beeinflussen. Andererseits ermöglicht sie dem Vertrauensgeber, Rückschlüsse auf die Emotionen des anderen zu ziehen. Aus der Handlungsperspektive ist es wichtig, dass Worte und Taten übereinstimmen. In komplexen Situationen reichen bereits kleine Zeichen, um anderen Vertrauen zu gewähren oder zu entziehen. Ohne Vertrauen ist somit keine Kommunikation möglich, ohne Kommunikation kein Vertrauen. Vertrauen ist damit nicht nur Voraussetzung persönlicher Interaktion, sondern zugleich Interaktionsprodukt: „Es entsteht erst im Kommunikationsprozess und bestimmt diesen zugleich maßgeblich, es ist Ergebnis einer gelungenen Interaktion und Basis für weitere gelingende Interaktionen" (Hubig 2014, S. 359).

Stahl und Menz haben fünf soziale Normen identifiziert, die über den Abgleich der Erfahrungen und Erwartungen und den daraus resultierenden Schlussfolgerungen Vertrauen oder Misstrauen generieren (vgl. Stahl und Menz 2014, S. 70):

- **Offenheit** als Bereitschaft, Einblick in die eigenen Ziele, Mittel und Strukturen zu gewähren.
- **Ehrlichkeit** in dem Sinne, dass Mitteilungen nicht verfälscht werden, um eigene Ziele durchzusetzen.
- **Toleranz** als eine über die bloße Duldung hinausgehende einfühlsame Akzeptanz des Andersseins.
- **Reziprozität** bedeutet, dass sich die Beteiligten durch die Vorleistung des anderen zur Kooperation verpflichtet fühlen.
- **Fairness** bezieht sich vor allem auf die Art und Weise, wie Leistung und Gegenleistung zustande gekommen sind.

Für den Erfolg von Kooperation ist es deshalb wichtig, offen und ehrlich zu agieren. Dies beinhaltet unter anderem, Dinge nicht bewusst zu verschleiern, zu verkürzen, zu beschönigen, zu unterdrücken oder zu dramatisieren. Toleranz setzt voraus, dass sich alle Beteiligten ihrer eigenen Werte und Ziele bewusst sind. Reziprozität kann durch „Kommunikation unterstützt werden, wenn man sie mit Aufmerksamkeit gestaltet" (Stahl und Menz 2014, S. 71). Die Norm der Fairness wird im Rahmen der Kommunikation erfüllt, „wenn alle Beteiligten auf ihre Weise zu Wort kommen" (ebd., S. 71).

Ob im Rahmen einer Kommunikation Vertrauen entsteht, hängt davon ab, wie der Sprecher das Gespräch gestaltet und wie ein Hörer dies wahrnimmt und deutet. Es genügt nicht, Vertrauens- oder Glaubwürdigkeit zu verkünden, sondern alle Beteiligten müssen sich der Tragweite der damit verbundenen Verpflichtungen für die Kommunikation und Interaktion bewusst sein. Denn Vertrauenswürdigkeit zeichnet sich durch folgende Charakteristika aus:

- Vertrauenswürdigkeit ist eine Haltung, einseitige Vorteile, die zum Beispiel aus einem Mangel an Information, Kompetenz oder Macht des Vertrauensgebers resultieren, nicht zu nutzen.
- Vertrauenswürdigkeit stabilisiert sich, wenn sich das Vertrauen als gerechtfertigt erwiesen hat. Sie führt außerdem zur Zuschreibung von Reputation, die dann selbst zur Kalkulationsbasis wird.
- Vertrauenswürdigkeit wird Vertrauensnehmern durch Vertrauensgeber zugeschrieben, wenn es um Informations-, Konsultations- oder Kooperationsprozesse geht.
- Es ist rational, einmal gewährtes Vertrauen im Fall einer schweren Enttäuschung sofort zu entziehen. Vertrauenswürdigkeit ist ein hohes Gut. Sie vermindert den Aufwand und die Transaktionskosten für die Zusammenarbeit, weshalb die beteiligten Akteure sie nicht leichtfertig aufs Spiel setzen sollten (vgl. Hubig 2014, S. 351–370).

▶ **Vertrauen aktiv fördern** Für die Zuschreibung von Vertrauens- oder Glaubwürdigkeit sind folgende Faktoren entscheidend (vgl. Bergler 1993, S. 20; Hubig 2014, S. 364):

- verständliche Kommunikation,
- offenes und transparentes Informations- und Kommunikationsverhalten,
- (pro-)aktives Informationsverhalten und konkrete Informationen,
- Überschaubarkeit und Nachvollziehbarkeit des eigenen Denkens und Handelns,
- konsequentes Handeln,
- schlüssiges Handeln und Verhalten (Stil),
- subjektiv nachprüfbare Leistungen,
- eine die Maßnahmen begleitende Kommunikation,
- wechselseitiger Austausch über Bedürfnisse und Erwartungen,
- Übermittlung von Sicherheitssignalen,
- ein guter Ruf (Reputation),
- Übernahme gesellschaftlicher Verantwortung.

Für den Erfolg einer Kooperation ist es von entscheidender Bedeutung, ob andere Menschen eine Person als zuverlässigen und berechenbaren Partner wahrnehmen. Indem diese Person zu ihrem Wort steht, beweist sie ihren Mitmenschen, dass sie diese ernst nimmt. Sie kann deshalb erwarten, dass andere sie ebenfalls korrekt behandeln. Wenn das nicht der Fall ist, werden Kontrollmechanismen notwendig. Diese wirken sich jedoch meistens negativ auf die Atmosphäre und die weitere Zusammenarbeit aus.

4.3 Reputation und Commitment als Grundlagen für Vertrauen

Ein wichtiger Faktor für das Vertrauen und die Glaubwürdigkeit der beteiligten Akteure ist deren Reputation. Stahl und Menz zeigen am Beispiel der Unternehmensreputation, dass der Bedarf an Kommunikation mit zunehmender räumlicher, zeitlicher oder sozialer Distanz zwischen einem Unternehmen und seinen relevanten Stakeholdern bzw. Kooperationspartnern immer weiter steigt (vgl. Stahl und Menz 2014, S. 72 f.). In einem solchen Fall benötigen die Kooperationspartner Signale und Gesten, die Schlussfolgerungen über die Vertrauenswürdigkeit des Partners ermöglichen: „Dies ist umso wichtiger, da die Informationen zwischen den Beteiligten mit zunehmender Distanz auch zunehmend asymmetrisch verteilt sind. Die besser informierte Seite sendet folglich Signale als Ersatz für nicht direkt beobachtbares Verhalten aus" (Stahl und Menz 2014, S. 72). Die schlechter informierte Seite versucht deshalb, aus diesen Signalen Hinweise für mögliches Verhalten der anderen Seite zu erkennen. Unternehmen können Signale zu größeren Einheiten bündeln (z. B. in Form von Marken, Unternehmensnamen oder markanten Ereignissen) „und können so im Gedächtnis des Beobachters verankert werden. Diese Information wird allerdings für den Empfänger erst dadurch zur Reputation, dass der Empfänger die Information mit seiner eigenen ‚Logik' verarbeitet" (Stahl und Menz 2014, S. 72). Stahl und Klee haben vier Schlussfolgerungen für die Entstehung und Übertragung von Reputation identifiziert:

- **einfache Hochrechnung:** Unternehmen X hat bislang jedes Jahr eine angemessene Dividende gezahlt, also verfolgt es eine faire Dividendenpolitik.
- **objektbezogene Schlussfolgerung:** Geschäftsführer X betont immer wieder das Nachhaltigkeitsengagement seines Unternehmens. Also ist das Unternehmen sozial verantwortlich, langfristig ausgerichtet etc.

- **kontextbezogene Schlussfolgerung:** Unternehmen A ist zuverlässig, also ist auch das unter demselben Dach operierende Unternehmen B zuverlässig.
- **ursachenbezogene Schlussfolgerung:** Der jüngste Skandal im Unternehmen X hat organisatorische Mängel aufgezeigt, also ist dem Unternehmen kein Qualitätsbewusstsein zuzutrauen (vgl. Stahl und Klee 2001).

Reputation ist somit kein Ergebnis von Kommunikation, sondern ein Konstrukt aus der Wahrnehmung und Interpretation von Signalen (vgl. Mast 2016, S. 45). Zudem beeinflussen die direkten Erfahrungen mit einem Unternehmen, also die bestätigten und enttäuschten Erwartungen im Umgang mit dessen Kooperationspartnern, dessen Reputation (vgl. Stahl und Menz 2014, S. 73). Dabei wird vieles gefiltert und angepasst. Gefestigte Meinungen werden nur dann geändert, wenn diese mehrfach widerlegt wurden. Als Ergebnis dieses Prozesses schreiben andere Akteure einem Unternehmen bestimmte Reputationen zu, die innerhalb einzelner Interessengruppen wie z. B. Investoren, Kunden oder Mitarbeitern übereinstimmen.

Gegenseitiges Bekenntnis als Grundlage für eine langfristige Zusammenarbeit

Neben der Reputation ist das Bekenntnis zum Kooperationspartner (Commitment) eine Ressource, die das Vertrauen zwischen den Kooperationspartnern festigt. Dies gilt jedoch nur, wenn die Partner eine langfristige Kooperationsbeziehung anstreben. Stahl und Menz definieren Commitment als „die Bereitschaft, zu einer eingegangenen Beziehung auch dann zu stehen, wenn es, rational gesehen, günstigere Optionen zu dieser Beziehung gibt" (Stahl und Menz 2014, S. 76). Commitment entsteht, „indem die ökonomische Logik von Situationen verändert wird. Dies ist z. B. der Fall, wenn das ‚schlechte Gefühl' aus einer nicht eingehaltenen Vereinbarung in die erweiterte ‚Kosten-Nutzen'-Betrachtung eingeht. Schuldgefühle schützen vor Mogeleien, weil sie die trügerische Attraktivität des durch Schummeln erzielbaren Nutzens aufheben" (Stahl und Menz 2014, S. 77).

Wenn die Erwartungen in die Beziehung nicht nur erfüllt, sondern sogar übertroffen werden, stellt sich in einer Kooperationsbeziehung Zufriedenheit ein. Deshalb sollten die beteiligten Akteure jedoch die Erwartungen an eine Beziehung nicht künstlich hochschrauben. Außerdem sollten sie bei der laufenden Bewertung der Beziehung neben den bisher erzielten Ergebnissen stets auch die von den Kooperationspartnern geleisteten Investitionen berücksichtigen (vgl. ebd., S. 78). Daraus kann sich ein „Gefühl der Einzigartigkeit entwickeln, das die Alternativen zur bestehenden Beziehung weniger attraktiv erscheinen lässt" (ebd., S. 78).

Wenn eine Person mit einer anderen nur einmalig zusammenarbeitet, ist es wirtschaftlich betrachtet rational, wenn beide Seiten versuchen, so viel wie möglich für sich selbst herauszuholen (vgl. Trivers 1971, S. 35 f.). Ein Beispiel dafür sind große öffentliche Bauvorhaben. Vor allem wenn es sich um einmalige Projekte handelt, ist die Verlockung für ein Bauunternehmen groß, seine Kunden zu übervorteilen, da ein Folgegeschäft höchstwahrscheinlich nicht zustande kommen wird. Im normalen Wirtschaftsleben hingegen ist das anders. Ein Bäcker hat Interesse daran, am nächsten Tag weitere Brötchen zu verkaufen und geht daher respektvoll mit den Interessen seiner Kunden um.

5.1 Respekt als Voraussetzung für dauerhaft erfolgreiche Zusammenarbeit

Respekt spielt somit im Rahmen von Kooperationen eine zentrale Rolle. Dem Erfolg auf der Sachebene geht der Erfolg auf der Beziehungsebene voraus. Beziehungen sind keine feste Größe, sondern kommunikativ beziehungsweise handelnd zu leistende Prozesse, die die Gesprächspartner gemeinsam und Schritt für Schritt vollziehen. Sprachliche und nichtsprachliche Formen des Respektes dienen entsprechend dazu, die Beziehung zwischen den Beteiligten zu etablieren und aufrechtzuerhalten. Gespräche, aus denen Menschen als Sieger oder Besiegte hervorgehen, sind nicht von Respekt getragen, was die Beziehung nachträglich zu einer reinen Zweckbeziehung abwertet. Deshalb ist es für den Erfolg langfristiger Kooperationen zwingend erforderlich, ein Vorgehen zu finden, bei dem es weder Sieger noch Besiegte gibt.

Auf der Ebene der Interaktion erfüllt Respekt somit folgende Funktionen:

- Reduzierung der wechselseitigen Unberechenbarkeit (Kontingenz)
- Sicherung der Reziprozität (Balance zwischen Geben und Nehmen)
- Koordinierung des kommunikativen Handelns (zum Beispiel Gesprächssteuerung)
- Anerkennung der jeweiligen Identitäten (Selbstwert).

5.2 Soziale Grundprinzipien des Respektes: Selbstwert, Gesicht und Machtbeziehungen

Respekt ist mehr als eine Tugend. Respektvolles Verhalten beinhaltet auch zweck-orientiertes soziales Verhalten. Hierzu gehört es auch, sich selbst zu schützen und seine eigenen Ziele zu erreichen. Es liegt in der Regel „im Interesse des Spre-chers, eine soziale und emotionale Harmonie zu schaffen beziehungsweise zu bewahren, und zu einer solchen Harmonie gehört, dass auf das Selbstwertgefühl des Hörers Rücksicht genommen wird" (Schwarz-Friesel 2007, S. 26). Im Kontext sozialer Interaktion, bei der es um zweckrationale Kooperation geht, sind Schutzmechanismen und Formen zur Pflege des Selbstwerts allgegenwärtig. Starre Hierarchien befreien Vorgesetzte dagegen von dem Bestreben, geachtet zu werden. Das begünstigt sowohl unpopuläre Entscheidungen, als auch eine Verdrängung der Gegenseitigkeitsregel des Respekts.

Mit der Kategorie des *Face* wird die abstrakte Kategorie des Selbstwertes als Bedürfnisstruktur konkretisiert. Menschen streben danach, ihr Gesicht zu wahren. Brown und Levinson unterscheiden in diesem Zusammenhang zwischen einem positiven Gesicht (Bedürfnis nach Wertschätzung) und einem negativen Gesicht (Bedürfnis nach Freiraum):

- Das positive Gesicht entspricht dem Bedürfnis des Menschen, anerkannt, respektiert und unterstützt zu werden.
- Das negative Gesicht entspricht dem Bedürfnis des Menschen, sich den persönlichen Handlungsspielraum so wenig wie möglich einschränken zu lassen (vgl. Brown und Levinson 1987, S. 70).

Die positiven und negativen Gesichter der beteiligten Akteure gehen nicht als fest-stehende Größen in die Interaktion ein, sondern entstehen erst im gemeinsamen Handeln. Das eigene wie das fremde Gesicht sind prinzipiell in jeder Interaktion gefährdet und bedürfen deshalb zu ihrer Wahrung entsprechender Aufmerksamkeit:

- Gefährdungen des positiven Gesichts des Sprechers ergeben sich aus Selbstkritik, Entschuldigungen oder Schuldeingeständnissen.
- Gefährdungen des negativen Gesichts des Sprechers ergeben sich aus Versprechen und anderen Selbstverpflichtungen, wenn der Sprecher nicht zu seinen Worten steht.
- Gefährdungen des positiven Gesichts des Hörers ergeben sich aus Kritik, Zurückweisungen oder Beleidigungen.
- Gefährdungen des negativen Gesichts des Hörers ergeben sich aus Einschränkungen des Handlungsspielraums durch Verbote oder Aufforderungen (vgl. Lüger 2001, S. 6 f.).

Andererseits gibt es gesichtswahrende und gesichtsstärkende sprachliche Handlungen wie Komplimente, Schmeicheleien, Ehrungen und andere Sympathiebekundungen.

Dabei ist zu beachten, dass das Höflichkeits- und Respektverhalten stark mit *gesellschaftlichen Werten* und *Herrschaftsordnungen* zusammenhängt. Für Gesellschaften, die vom westlichen Individualismus und Gleichheitsgedanken geprägt sind, ist es in der Interaktion wichtig, das Image *(Face)* des Sprechers und des Hörers zu wahren. Hierbei spielt zwar der Respekt vor Autorität und Macht eine Rolle, jedoch nicht so stark wie in Gesellschaften, die gemeinschaftlichen Werten und der sozialen Harmonie eine größere Bedeutung zuweisen, wie z. B. in der japanischen oder chinesischen Gesellschaft. Die angestrebte Harmonie spielt eine wichtige Rolle für die konfliktregulierende und machtstabilisierende Kommunikation zwischen einer Herrschaftsschicht und den Untertanen bzw. dem Management und den Mitarbeitern.

5.3 Abbau von Konfliktursachen

In ihrem Buch über Kooperationsmanagement haben die Forscher Günther Schuh, Thomas Friedli und Michael Kurr untersucht, welche Faktoren für den Erfolg einer Kooperation ausschlaggebend sind. Dabei kommen sie zu dem Ergebnis, dass Konflikte in der Beziehung zwischen den Kooperationspartnern einer der gravierendsten Faktoren sind, die eine Kooperation zum Scheitern bringen können. Deshalb ist es aus ihrer Sicht wichtig, sich schon im Vorfeld Gedanken über mögliche Konfliktursachen und deren Vermeidung zu machen bzw. diese bereits im Vorfeld abzubauen (vgl. Schuh et al. 2005, S. 150 f.). Da die meisten Menschen nicht über die Mittel verfügen, ihr eigenes Umfeld so zu beeinflussen, dass Konfliktursachen abgebaut werden, oder aber Macht nur als letztes Mittel einsetzen möchten, scheiden zwingende Strategien aus. Dafür haben die meisten Menschen die Möglichkeit, die Strukturen in ihrem beruflichen oder privaten Umfeld zu beeinflussen, indem sie die Einhaltung von Normen durchsetzen oder selbst neue Normen schaffen. Diese Normen sind letztlich mit Wertestrukturen gekoppelt. Wenn es einer Person gelingt, die Werte einer Organisation zu ändern, kann sie hierdurch indirekt soziale und technische Strukturen im Betrieb oder persönlichen Umfeld verändern.

Um neue Kooperationen zu ermöglichen und bestehende Kooperationen zu begünstigen, müssen Akteure das eigene Umfeld so verändern, dass eine Eskalation von Konflikten bereits im Vorfeld verhindert wird. Da sich gesellschaftliche Strukturen nur schwer ändern lassen, müssen Akteure so kommunizieren, dass Konflikte bereits im Vorfeld vermieden werden (durch Aufmerksamkeit, klare und deutliche Sprache etc.). Außerdem können sie versuchen, in ihrem Betrieb oder persönlichen Umfeld Regeln zu schaffen, die den Ausbruch und die Eskalation von Konflikten verhindern. Dabei ergeben sich jedoch folgende Probleme: Die meisten Normen, wie zum Beispiel Feedbackregeln oder gesellschaftliche Umgangsformen, sind nicht allgemein anerkannt, sondern von Kultur zu Kultur unterschiedlich. Außerdem lassen sich informelle Regeln oft nur schwer beziehungsweise gar nicht durchsetzen, da es keine übergeordnete Instanz gibt, die über entsprechende Sanktionsmöglichkeiten verfügt.

Kommunikation 6

Wer den Wert von respektvollen Beziehungen und Kooperationsstrategien einzuschätzen und zu nutzen weiß, erweitert nicht nur seine eigene Wahrnehmung, sondern trifft bessere Entscheidungen und erzielt so nachhaltig mehr Erfolg. Dabei kommt es darauf an, wie gut es den Beteiligten gelingt, die aktuelle Situation und die Beziehung zwischen den Akteuren richtig zu deuten. Kommunikation ermöglicht es ihnen, ein gemeinsames Bild von der Situation zu entwickeln: Nur wenn die Akteure ihre Sichtweisen der Wirklichkeit mit anderen teilen, werden gemeinsame Interessen sichtbar (vgl. Rolke 2005, S. 6 f.). Für das Gelingen von Kooperation bedarf es kommunikativ der Abstimmung der gegenseitigen Ziele, des gemeinsamen Informationsaustausches, wechselseitiger Koordination des gemeinsamen Handelns und konstruktiver Problemdiskussionen zwischen den Partnern. Hierzu ist ein gewisser Vorlauf erforderlich, in dem die Kooperation erprobt wird und sich das Vertrauen in den Kooperationspartner entwickeln kann (vgl. Tjosvold 1988). Dabei spielt die Deutung der Signale, die für die Einschätzung der Glaubwürdigkeit des Partners relevant sind, eine zentrale Rolle (Stahl und Menz 2014, S. 72–75).

6.1 Kommunikationsmaximen

Gute Beziehungen sind eine zentrale Voraussetzung für den Erfolg von Kooperation. Vor diesem Hintergrund hat der Kommunikationswissenschaftler Paul Grice neun Kommunikationsmaximen entwickelt, um das Funktionieren menschlicher Kommunikation zu erklären (vgl. Grice 1967). Bei den Maximen handelt es sich um Regeln, die die meisten Menschen in der Kommunikation unbewusst anwenden. Sein ursprüngliches Ziel war es, die menschliche Konversation besser zu verstehen und den Unterschied zwischen Gesagtem und Gemeintem zu erklären.

© Springer Fachmedien Wiesbaden GmbH, ein Teil von Springer Nature 2019
S. Pastoors und H. Ebert, *Psychologische Grundlagen zwischenmenschlicher Kooperation*, essentials, https://doi.org/10.1007/978-3-658-27291-3_6

Grice wies nach, dass die Gesprächspartner dabei mit einer Logik, die sich an den Kategorien „wahr" und „falsch" orientiert, nicht weit kommen. Denn es gibt Äußerungstypen, bei denen sie nicht zwischen wahr und falsch unterscheiden können. Beispielsweise ist ein Willkommensgruß nicht wahr oder falsch, sondern aufrichtig oder unaufrichtig, warmherzig oder nüchtern usw. Auch Bitten gehören zu diesem Äußerungstyp.

Daneben zog Grice Schlüsse aus der Beobachtung, dass in vielen Fällen Gesagtes und Gemeintes voneinander abweichen: „Können Sie mir sagen, wie spät es ist?" Die Antwort „ja" wäre die logisch richtige Antwort auf diese Frage. Sie hilft aber demjenigen, der die Frage stellt, nicht weiter, weil er eine Bitte und keine Frage äußert. Der Angesprochene hört die Frage und schlussfolgert, dass sie relevant sein muss, sonst wäre sie nicht gestellt worden. Dieser Schluss führt ihn zu der Erkenntnis, dass die Frage als Bitte gemeint war.

Den Kommunikationsmaximen ist das Kooperationsprinzip übergeordnet: „Gestalte deine Äußerung so, dass sie dem anerkannten Zweck dient, den du gerade zusammen mit deinem Kommunikationspartner verfolgst" (Grice 1967). Mit der Entdeckung des Evolutionsprinzips der Kooperation bewies Grice, dass Menschen selbst dann noch kooperieren müssen, wenn sie miteinander streiten. Zur Kooperation gehört beispielsweise die Maxime, nur Relevantes zu sagen. Im Streit nehmen die Konfliktparteien immer noch Bezug auf das, von dem sie glauben, dass es für die andere Partei wichtig ist. Aus dem Grundprinzip der Kooperation leitete Grice folgende Maximen ab und wies nach, dass sie unbewusst die Kommunikation steuern:

Hintergrundwissen: Kommunikationsmaximen nach Grice (1967)

Maximen der Quantität:

- Mache deinen Beitrag so informativ, wie (für den gegebenen Zweck) möglich.
- Mache deinen Beitrag nicht informativer als nötig.

Maximen der Qualität:

- Sage nichts, was du für falsch hältst.
- Sage nichts, wofür dir angemessene Gründe fehlen.

Maxime der Relevanz:

- Sei relevant.

Maximen der Modalität:

- Vermeide Unklarheit.
- Vermeide Mehrdeutigkeit.
- Vermeide Abschweifungen.
- Vermeide Ungeordnetheit.

Diese Maximen erklären, wie die Kooperationspartner im Rahmen der Kommunikation Sinn konstruieren, indem sie wechselseitig davon ausgehen, dass ihr Gesprächspartner die Kommunikationsmaximen berücksichtigt.

6.2 Bedeutung von Aufmerksamkeit in der Kommunikation

Aufmerksamkeit stellt sicher, dass einer Person keine wichtigen Informationen entgehen und sie ganz bei der Sache ist. Das bedeutet auch, dass sie ihre eigene Aufmerksamkeitssteuerung (z. B. durch Vorlieben, Bestrebungen und Interessen) soweit wie möglich reflektiert und kontrolliert (vgl. Waldenfels 2004, S. 14). Wenn sie andere Menschen mit anderen Aufmerksamkeitshorizonten (und Lebenswelten) überzeugen möchte, muss sie die kulturelle Vorprägung ihrer eigenen Wahrnehmung und Aufmerksamkeitshorizonte reflektieren. Um Offenheit für andere Lebenswelten zu gewährleisten, muss Aufmerksamkeit die „Gestalt einer ausdrücklichen Haltung annehmen […] Um dies zu erreichen, müssen jedoch zuvor die eigenen Horizonte der Aufmerksamkeit hinterfragt werden. Durch einen solchen explizit durchgeführten Aufmerksamkeitswechsel werden die habituellen Scheuklappen der subjektiven Wahrnehmung sichtbar. Nur so kann eine Offenheit für neue, horizonterweiternde Erfahrungen geschaffen werden" (Wehrle 2013, S. 354 f.), die Toleranz und Verständnis für unterschiedliche Sichtweisen und Lebensumstände ermöglicht. Auf diese Weise schafft sie erst die Voraussetzung dafür, eigene Ziele nicht gegen den anderen, sondern mit und durch den anderen zu erreichen.

6.3 Sprache

Dabei spielt Sprache eine zentrale Rolle. Im Rahmen einer Zusammenarbeit stellen die Sprache der Aufgabenbearbeitung, sowie die Sprache der Instruktion keine großen Herausforderungen dar. Da diese zu den Routinen einer Kooperation zählen, sind sie in der Regel eingespielt. Die eigentliche Herausforderung liegt in der strategischen Kommunikation, bei der es um strategische Entscheidungen geht und um die grundlegenden Beziehungen in und zwischen Organisationseinheiten. Auf dieser Ebene kommt es darauf an, die verwendeten Begriffe zu klären und einen Konsens über das, was ist und das, was sein soll, zu entwickeln. Vor allem die Klärung der eigenen Gruppenidentität ist eng mit individuellem und sozialen Veränderungslernen verbunden. Dabei ist Klarheit über stillschweigendes Wissen, wie zum Beispiel Werte oder Grundüberzeugungen, zu schaffen. Interdisziplinäre Arbeitsgruppen müssen deshalb eine gemeinsame Sprache entwickeln, die an gemeinsame Themen gebunden ist. Dies schafft oder vertieft zusammen mit einer entsprechend funktionierenden Informationsstruktur die notwendige Kernkompetenz.

Disruptiver Wandel legt die Schwachstellen der arbeitsteiligen Organisation im Rahmen von Kooperationen offen. Dazu gehört eine bürokratische Sprache, die penibel genau hierarchische Positionen, Zeichnungsrechte und Bearbeitungsphasen im Kontext arbeitsteiliger Zusammenarbeit festlegt. Dabei verliert sie die Effizienz engagierter Gemeinschaften aus den Augen. Die Sprache der Rücksichtnahme auf Status und Hierarchie steht – wie auch eine übertriebene Kontrolle und Selbstdarstellung – vom Umfang her im Missverhältnis zur gemeinsamen Sache, um die es geht. Die Beteiligten verlieren so das Ziel der Kooperation aus den Augen. Erfolgreiche Zusammenarbeit ist unter dieser Bedingung nur eingeschränkt möglich.

Agile Sprache stellt dagegen die Sache in den Vordergrund, ohne Rücksicht auf Rang, Status, Macht, Einfluss oder Selbstdarstellung. Zudem ist sie bei der Formulierung von strategischen Zielen offen für plötzliche Veränderungen. Sie vereint in sich Genauigkeit und das passende zeitliche Maß, sodass innerhalb kurzer Zeit verwendbare Resultate entstehen, die zugleich dem größeren Ganzen dienen. Sprache muss die Zusammenarbeit vom Ganzen wie vom Detail her steuern, wobei mit „Sprache" folgendes gemeint ist: der angemessene Einsatz von sprachlichen Mitteln bei der Darstellung des Sachverhalts (z. B. Zielklarheit), die kreative Findung neuer Ideen (z. B. durch neue Bedeutungen im Gespräch) und motivierend-appellative Sprachhandlungen (z. B. Lob, Anerkennung, Ermutigung, konstruktive Kritik). Agile Sprache bietet somit den perfekten Rahmen für eine lang andauernde Zusammenarbeit.

Realistische Einschätzung der Situation

Der Erfolg einer Kooperation hängt von einer möglichst realistischen Einschätzung der Situation ab. Hierzu zählen zum einen die den Akteuren zur Verfügung stehenden Ressourcen und Kompetenzen, die Werte und Ziele der Akteure sowie der Kontext und die äußeren Rahmenbedingungen der Kooperation. Die Akteure sollten sich deshalb vor Beginn der Kooperation folgende Fragen stellen:

- Welche Ziele verfolgen die einzelnen Kooperationspartner?
- Sind die beteiligten Akteure an einer langfristigen Kooperation interessiert?
- Welche Vor- und Nachteile ergeben sich aus der Kooperation?
  (für einen selbst und für andere Kooperationspartner)
- Wie groß ist der Handlungsspielraum der beteiligten Akteure?
- Über welche Ressourcen und Kompetenzen verfügen die beteiligten Akteure?
- Vertrauen die beteiligten Akteure einander? Falls nicht, wie kann Vertrauen geschaffen werden?
- Führt eine Kooperation eventuell zu einer einseitigen Abhängigkeit eines Akteurs?
- Was sind die Alternativen einer möglichen Kooperation?

Für das Zustandekommen und den Erfolg von Kooperationen ist es deshalb überaus wichtig, Signale, die für die eine oder die andere Interpretation der Situation sprechen, richtig zu deuten. Nehmen Sie das folgende Beispiel:

„Werkoverleg" (Betriebsbesprechung in den Niederlanden)
Der deutsche Betriebswirt Marc Heinrich arbeitet in einer niederländischen Unternehmensberatung und nimmt an einem „werkoverleg" teil. Marc Heinrich findet, die Dinge könnten kurz und bündig abgehandelt werden, es müsste nicht jeder Praktikant seine Meinung zum Besten geben, und sein Vorgesetzter,

© Springer Fachmedien Wiesbaden GmbH, ein Teil von Springer Nature 2019   31
S. Pastoors und H. Ebert, *Psychologische Grundlagen zwischenmenschlicher Kooperation*, essentials, https://doi.org/10.1007/978-3-658-27291-3_7

Joris van Drongelen, sollte manchmal einfach einen Schlussstrich unter die Diskussion setzen und seinen eigenen Standpunkt entschiedener vertreten (vgl. Schlizio et al. 2009, S. 74–76).

Je nach Perspektive ergeben sich unterschiedliche Deutungsmöglichkeiten der beschriebenen Situation:

- **Deutung a: „In niederländischen Firmen sind alle eine große Familie"**
  Joris van Drongelen, der Vorgesetzte, hat Angst, dass ihm die Mitarbeiter davonlaufen. So lässt er in den Sitzungen alle zu Wort kommen, um ihnen das Gefühl zu geben, zum Betrieb dazuzugehören.
  In Familienunternehmen kann es für den einzelnen Mitarbeiter zu einem inneren Konflikt kommen, ob er wegen geringer Bezahlung aus dem Betrieb ausscheiden oder wegen des guten Arbeitsklimas im Betrieb verbleiben soll. In der vorliegenden Situationsschilderung gibt es aber keinen Hinweis auf einen solchen Konflikt. Es geht vielmehr um die Art und Weise, wie Arbeitsabläufe besprochen werden und wie mit Argumenten umgegangen wird (vgl. ebd., S. 74 f.).

- **Deutung b: „Ordnung ist etwas typisch Deutsches"**
  Niederländische Teams wehren sich gegen strukturierte Arbeitsprozesse. Das wird als „ongezellig" (unentspannt) und oft sogar als „Duits" (deutsch) angesehen. Daher gibt es keine klaren Abläufe in einer Besprechung.
  Deutsche haben oft den Eindruck, dass niederländische Sitzungen zu lange dauern. Allerdings fehlen wissenschaftliche Belege dafür, dass deutsche Sitzungen kürzer sind. In Deutschland gibt es ebenfalls nervende und ausufernde Sitzungen. Und auch Niederländer gehen bei ihren Besprechungen organisiert vor. Diese Deutung ist somit nicht zutreffend (vgl. ebd., S. 74 f.).

- **Deutung c: „Konflikte vermeiden und Konsens anstreben"**
  Niederländer wollen Dinge im Konsens gestalten und Konflikte vermeiden, weshalb sie alle Meinungen gelten lassen – unabhängig vom Status desjenigen, der sie äußert.
  „In den Niederlanden ist es von großer Bedeutung, stets so lange zu verhandeln, bis ein für alle tragfähiger Entschluss vereinbart wird. Dies ist ein maßgeblicher Bestandteil der niederländischen Unternehmenskonsenskultur. Diese Konsenskultur ist kein spezifischer Faktor innerhalb hierarchischer Strukturen, zwischen Führungskraft und Angestellten. Sie gilt sowohl vertikal als auch horizontal, also zwischen Arbeitskollegen auf der gleichen Stufe. Wichtig ist es, regelmäßig „in overleg te gaan" (sich mit dem anderen zu beraten). Entscheidungen sollten immer einen in der Gruppe gewachsenen Prozess widerspiegeln. Somit handelt es sich bei c) um die richtige Interpretation der Situation" (ebd., S. 76).

Je besser die Kooperationspartner eine Situation einschätzen können, desto wahrscheinlicher entstehen neue und nachhaltige Formen des Zusammenlebens und Zusammenarbeitens. Zur Klarheit der Situation gehören klare Absichten, eine klare Rollenverteilung, klare Beziehungen, klare Verantwortlichkeiten und das Wissen, wie die anderen Beteiligten die Situation deuten.

Vermutlich besteht die größte Gefahr einer Fehleinschätzung von Situationen darin, dass die Kooperationspartner von sich selbst ausgehen und dabei übersehen, dass erst die Art und Weise, wie die anderen Beteiligten die Situation einschätzen, eine Situationsbeschreibung komplett machen.

7.1 Aufmerksamkeit

Aufmerksamkeit ist eine wichtige Grundlage für eine realistische Einschätzung der aktuellen Situation. Der Psychologe Jochen Müsseler definiert Aufmerksamkeit als die Fähigkeit, „aus dem vielfältigen Reizangebot der Umwelt einzelne Reize oder Reizaspekte auszuwählen und bevorzugt zu betrachten, andere dagegen zu übergehen und zu unterdrücken" (Müsseler 2000). Wer in Gedanken noch beim gestrigen Abend weilt oder schon überlegt, wie er gleich am besten die Bahn erreichen kann, ist nur halb bei der Sache. Er richtet seine Aufmerksamkeit nicht auf das, was um ihn herum geschieht. Wer sich während eines Gespräches mit seinem Mobiltelefon oder seinem Terminkalender beschäftigt, signalisiert außerdem, dass ihn sein Gegenüber und das Gesagte nicht wirklich interessieren. Erhält eine Person nicht die gewünschte Aufmerksamkeit, kann das auch in relativ unwichtigen Alltagssituationen zu Verstimmungen führen. Unterhält sich ein Verkäufer zum Beispiel mit Bekannten und lässt andere Kunden in der Schlange warten, empfinden diese das als unhöflich. Wenn Sie mit anderen erfolgreich kooperieren wollen, müssen Sie in der Situation vollkommen anwesend sein.

Situationen erschließen und Eindrücke merken
Aufmerksamkeit sorgt dafür, dass Akteure Situationen qualitativ besser einschätzen können. Hierzu gehört eine bessere Einschätzung der subjektiven Welt, in welcher der andere lebt. Auch wenn Menschen demselben Ereignis beiwohnen oder in derselben Organisation arbeiten, sehen sie doch alle etwas Anderes, weil sich ihre Perzeption des Geschehenen und ihre Aufmerksamkeitshorizonte unterscheiden (vgl. Wehrle 2013, S. 353). Aufmerksamkeit ist eine Form der erfahrungsorientierten Situationserschließung durch Neugierde, Offenheit, Akzeptanz (vgl. Bishop und Lau 2004, S. 230–241) und „Aufgeschlossenheit [...] für

das gesamte Spektrum menschlicher Erfahrung" (Kabat-Zinn 1988). Die auf das Gegenüber und die Situation gerichtete Aufmerksamkeit ist ferner notwendig, damit Akteure die gewonnenen Eindrücke langfristig im Gedächtnis speichern können. Aufmerksamkeit ist somit mehr als eine Form der nach innen gerichteten Beobachtung, in der Menschen sich unmittelbar erlebten Bewusstseinsinhalten zuwenden (vgl. Waldenfels 2004, S. 25).

7.2   Situationen „sozial" sehen und deuten

Für die Entscheidungen im Rahmen einer Kooperation sind häufig nicht Informationen, sondern mentale Konstruktionen und Perzeptionen relevant. Die beteiligten Akteure müssen diese Informationen erst deuten, bevor sie auf diese reagieren können. Die Entscheidung basiert folglich nicht auf Fakten, sondern auf der Deutung der Fakten. Für das Handeln der Akteure ist somit nicht die objektive Umwelt beziehungsweise eine wie auch immer beschaffene objektive Situation relevant, sondern die Art und Weise, wie die Akteure die Situation und ihre Umwelt deuten. Für die einzelnen Akteure kommt es darauf an, der Situation Merkmale zuzuschreiben, die für sie selbst und andere Personen Sinn machen und gemeinsames Handeln ermöglichen. Hierzu müssen die beteiligten Akteure Situationen „sozial" sehen und deuten können. Diese Form der Aufmerksamkeit entsteht durch Empathie und den Wunsch zu verstehen, was der andere fühlt und denkt. Es ist deshalb wichtig, unterschiedliche Perspektiven einnehmen zu können (vgl. O'Connor und Seymour 2009, S. 129 f.).

▶ **Praxistipp**
  Lösen Sie sich bei schwierigen Entscheidungen mental von der aktuellen Situation und fragen Sie sich:

  - Wie erlebe ich die Situation mit meinen eigenen Sinnen?
  - Was nehme ich konkret wahr?
  - Wie nehmen andere die Situation wahr?
  - Was passiert zwischen den beteiligten Personen?
  - Wer reagiert auf wen in welcher Weise?
  - Wie verstehen die Personen die Situation – als eine gemeinsame oder als eine verschiedene?

7.3 Kontext und Wahrnehmung

Die Annahme, alle Kooperationspartner würden die Situation gleich oder zumindest ähnlich deuten und in einem gemeinsamen Kontext miteinander kommunizieren, kann zu ernsthaften Störungen der Zusammenarbeit führen. Alle Akteure sehen die Informationen in einem anderen Kontext, der mit darüber entscheidet, wie sie Informationen deuten (vgl. LeMar 1997, S. 260 ff.). Die Personaltrainerin Vera Birkenbihl verweist in diesem Zusammenhang auf unterschiedliche Probleme bei der Deutung von Situationen, die ihre Ursache in der Logik haben (vgl. Birkenbihl 1990, S. 139–153):

- **Wahrnehmung:** Jeder Mensch kann Dinge übersehen, überhören oder falsch auffassen. Oft kommt es auch vor, dass ein Kooperationspartner voreilig Informationen des Gegenübers ergänzt, ohne abzuwarten, was dieser sagen würde. Um das zu verhindern, gilt folgende Regel: „Falls das Gespräch ‚grundlos' zum Aneinander-vorbei bzw. Gegeneinander wird, kläre ich ab, ob wir überhaupt dasselbe meinen!" (vgl. Birkenbihl 1990, S. 139).
- **Denkroutinen:** Denkroutinen ergeben sich aus Erfahrungswerten. Dabei kann die entscheidende Erfahrung wenige Sekunden oder Jahre zurückliegen. Beispielsweise kann ein Mensch aufgrund seiner Art zu wohnen davon überzeugt sein, dass Häuser aus Stein sein müssen. Er kann sich nicht vorstellen, welche Vorteile ein Haus aus Holz haben könnte. In Verhandlungssituationen mangelt es dem Betreffenden deshalb an Argumenten für das Festhalten an gemauerten Häusern.
- **Unzulässige Schlussfolgerungen:** Das dritte Problem sind unzulässige Schlussfolgerungen bzw. unzulässige Annahmen über die Situation. Eine zulässige Schlussfolgerung ist nur dann wahr, wenn sie valide ist von zwei wahren Prämissen hergeleitet werden kann (z. B. Prämisse 1: Alle Menschen sind sterblich. Prämisse 2: Sokrates ist ein Mensch. Schluss: Sokrates ist sterblich). Die Schlussfolgerung „Alle Menschen sind sterblich. Sokrates ist sterblich. Demzufolge ist Sokrates ein Mensch." ist zwar wahr, aber nicht valide. Mit der Schlussfolgerung „Alle Schiffe können fliegen. Die Titanic war ein Schiff. Demzufolge konnte die Titanic fliegen." Verhält es sich genau andersherum. Sie ist zwar valide, aber nicht wahr.
- **Selbstabdichtende Erklärungen:** Damit sind Erklärungen gemeint, „die zu einer Annahme werden, welche nicht mehr falsifiziert werden kann [...] Damit meint man Schlussfolgerungen, die für uns so absolut ‚gelten', dass wir selbst akute Gegenbeweise verdrehen, damit sie unsere These ‚beweisen' [...] Besteht z. B. die Annahme darin, dass Krankheiten durch Gebet geheilt werden

können, so ‚beweist' der Tod des Patienten, dass sein Glaube zu wünschen übrig ließ" (Birkenbihl 1990, S. 147).

- **Denkfehler:** Denkfehler können zu Kommunikationsfehlern führen, wie das folgende Beispiel veranschaulicht: Weil ein Landmaschinenberater nur die Frau des Bauern und dessen Sohn antraf, zog es vor zu warten, bis der Bauer wieder nach Hause kam. „Das hätten Sie genauso gut mit meiner Frau besprechen können", sagte dieser. Der Bauer arbeitete in einer Fabrik, während seine Frau den Hof bewirtschaftete (vgl. Birkenbihl 1990, S. 149).

Diese fünf Probleme können zu falschen Rückschlüssen und somit zu einer Fehleinschätzung der Situation führen. Dies kann sowohl bei bestehenden Kooperationen, als auch in deren Vorfeld zu schweren Störungen zwischen den Akteuren führen.

Ausblick 8

In den letzten Kapiteln wurde deutlich, dass Vertrauen, eine funktionierende Kommunikation, Aufmerksamkeit und Respekt zentrale Faktoren für den Erfolg einer Zusammenarbeit sind. Der Ökonom und Mitbegründer der modernen Wirtschaftsethik Peter Ulrich stellt in diesem Zusammenhang die Frage, wie ein modernes Ethos der Zusammenarbeit mit den Funktionserfordernissen leistungsfähiger Organisation in Einklang gebracht werden kann. Dabei geht er von der These aus, dass die „Ethik der Kooperation heute nur durch funktionsrationale Organisationskonzepte hindurch zur Geltung kommt – nicht gegen diese" (Ulrich 1991, S. 70). Ohne zwischenmenschliche Kooperation gäbe es weder Kultur noch Ökonomie. Kooperation liegt dabei nach Ulrich das Prinzip der Gegenseitigkeit (Reziprozitätsprinzip) „der wechselseitigen, symmetrischen Anerkennung der Menschen als mündiger Personen" zugrunde (Ulrich 1991, S. 71). Das Ethos der Gegenseitigkeit ist eng mit zwei Leitideen des Kooperationsethos verbunden: der „Idee der Gleichberechtigung (fair verteilte Partizipationschancen am interaktiven Prozess und am Ergebnis) als soziostruktureller Aspekt und der Idee der Partnerschaftlichkeit als soziokultureller Aspekt" (Ulrich 1991, S. 71).

Doch wie kann das Gegenseitigkeitsprinzip, das historisch-evolutionär dem Erfahrungsbereich der unmittelbaren Face-to-Face-Interaktion einfacher Lebens- und Arbeitswelten entstammt, auf komplexe, arbeitsteilige Organisationen übertragen werden (vgl. ebd., S. 72). Für Kooperation im Sinne der Gegenseitigkeit blieb in den traditionellen, auf autoritärer Herrschaft gründenden Gesellschaftsformen sowohl „aus strukturellen als auch aus kulturellen Gründen wenig Raum. Das Thema „Kooperationsethik" stellte sich nicht" (Ulrich 1991, S. 73). Erst die Modernisierungsprozesse der Aufklärung, die Menschenrechte und das moderne Vertragswesen brachten das Ethos der Gegenseitigkeit wieder auf die Tagesordnung: „Die Kommunikation, Verständigung, Vertragsbildung und Kooperation zwischen

© Springer Fachmedien Wiesbaden GmbH, ein Teil von Springer Nature 2019
S. Pastoors und H. Ebert, *Psychologische Grundlagen zwischenmenschlicher Kooperation,* essentials, https://doi.org/10.1007/978-3-658-27291-3_8

gleichberechtigten, freien Subjekten ist der ethische Horizont", der die herkömm-
lichen Autoritäts- und Herrschaftsstrukturen infrage stellt (Ulrich 1991, S. 74).

Hinzu kommt, dass in Wissensökonomien Kreativität und Innovationsfähig-
keit überlebenswichtig sind. Diese Fähigkeiten können nicht befohlen werden, sondern müssen durch kulturelle, strukturelle und kommunikativ vermittelte Formen
der Selbstorganisation immer neu erarbeitet werden. Inmitten einer überbordenden
Planungs-, Steuerungs- und Kontrolltechnik erlangen personengebundene Fähigkeiten zunehmende ökonomische Relevanz (vgl. Ulrich 1991, S. 77 f.): „Je turbulen-
ter die unternehmerische Umwelt wird, umso wichtiger wird die Innovationskapazität
der Organisation, und umso mehr nimmt der Anteil schlecht strukturierbarer
Problemlösungsaufgaben zu. Die Mitarbeiter werden von diesen gleichsam als ganze
Persönlichkeiten gefordert. Solche Problemlösungsaufgaben sind in aller Regel nur
in interdisziplinärer und ressortübergreifender Teamarbeit zu lösen." (Ulrich 1991,
S. 78 f.). Dabei sind aus seiner Sicht nicht die Position oder der formalisierte Vorgang
entscheidend, „sondern allein die bessere Idee und das bessere Argument. Deshalb
sind Projektteams intern hierarchiefrei zu gestalten […] Dieses Prinzip setzt als nor-
mative Voraussetzung nicht mehr und nicht weniger als das Ethos der Gegenseitigkeit, der gegenseitigen Anerkennung der Partner als mündiger Personen voraus"
(Ulrich 1991, S. 78 f.). Die Grenzen moderner Organisationsstrukturen liegen seines
Erachtens dort, „wo der strategische Erfolg sozialintegrativer Prozesse – sei es unter
Mitarbeitern oder auch mit Marktpartnern – gerade von nicht „machbaren" ethischen
und kulturellen Voraussetzungen gelingender Verständigung abhängt. Die Organisa-
tions- und Managementsysteme können dafür gewissermaßen nur noch Infrastruktur
sein […] Der Rest liegt buchstäblich an den Personen und an ihrer Kooperationsfähigkeit und -willigkeit" (Ulrich 1991, S. 78 f.).

Dies unterstreicht die Bedeutung „weicher" Faktoren wie Vertrauen und Respekt. Diese beiden Faktoren sind unverzichtbar, um andere für die eigenen Ziele
zu gewinnen. Unser Handeln stößt immer wieder auf Widerstand, den Willen
des anderen (vgl. Waldenfels 2004, S. 235). Ohne Vertrauen und Respekt ist es
nur schwer möglich, andere Menschen von den Vorteilen einer Kooperation zu
überzeugen, da diese sonst ihre Interessen gefährdet sehen. Vertrauen und Respekt sind somit die wichtigsten Kriterien für das Gelingen einer Kooperation und
die Antwort auf das Bedürfnis der Menschen nach Wertschätzung und persönlicher Freiheit. Und sie sind einer der Gründe, wieso der Homo Cooperativus dem
Homo Oeconomicus langfristig überlegen ist.

Dies gilt jedoch nicht nur für die Zusammenarbeit zwischen zwei Personen
oder Unternehmen, sondern auch für ganze Gesellschaften. Nur zusammen sind
ihre Mitglieder in der Lage, große, alle Mitglieder betreffende Herausforderungen
zu bewältigen.

Was Sie aus diesem *essential* mitnehmen können

- Kooperation erfordert Entscheidungs- und Handlungsfreiheit der beteiligten Partner. Deswegen ist die Kenntnis der eigenen Ziele und Werte, sowie Stärken und Schwächen von großer Bedeutung.
- Die Bereitschaft, miteinander zu kooperieren, wird von den Zukunftserwartungen der beteiligten Akteure beeinflusst. Je wahrscheinlicher es ist, dass Sie sich in Zukunft kooperativ verhalten, desto größer ist die Bereitschaft Ihrer Mitmenschen, mit Ihnen zu kooperieren.
- Für den Erfolg der Kommunikation ist es von entscheidender Bedeutung, ob andere Menschen Sie als zuverlässigen und berechenbaren Partner wahrnehmen. Indem Sie zu ihrem Wort stehen, beweisen Sie Ihren Mitmenschen, dass Sie diese ernst nehmen. Sie können deshalb erwarten, dass andere Sie ebenfalls korrekt behandeln.
- Respekt spielt im Rahmen von Kooperationen eine zentrale Rolle. Dem Erfolg auf der Sachebene geht der Erfolg auf der Beziehungsebene voraus. Behandeln Sie Ihre Kooperationspartner deshalb immer mit Respekt.
- Für das Gelingen von Kooperation bedarf es der Abstimmung der gegenseitigen Ziele, des gemeinsamen Informationsaustausches, wechselseitiger Kommunikation und konstruktiver Problemdiskussionen zwischen den Partnern. Kommunizieren Sie deshalb offen und ehrlich mit Ihren Kooperationspartnern.
- Je besser die Kooperationspartner eine Situation einschätzen können, desto wahrscheinlicher ist der nachhaltige Erfolg einer Kooperation. Zur Klarheit der Situation gehören klare Absichten, eine klare Rollenverteilung, klare Beziehungen, klare Verantwortlichkeiten und das Wissen, wie die anderen Beteiligten die Situation deuten.

© Springer Fachmedien Wiesbaden GmbH, ein Teil von Springer Nature 2019
S. Pastoors und H. Ebert, *Psychologische Grundlagen zwischenmenschlicher Kooperation,* essentials, https://doi.org/10.1007/978-3-658-27291-3

Literatur

Axelrod, R. (2009). *Die Evolution der Kooperation*. München: Oldenbourg.

Becker, J. H. (2017). Teams. In J. H. Becker, H. Ebert, & S. Pastoors (Hrsg.), *Praxishandbuch berufliche Schlüsselkompetenzen. 50 Handlungskompetenzen für Ausbildung, Studium und Beruf* (S. 157–166). Heidelberg: Springer.

Bergler, R. (1993). *Unternehmenskultur als Führungsaufgabe*. Münster: Regensberg.

Birkenbihl, V. (1990). *Psycho-logisch richtig verhandeln*. München: mvg.

Bishop, S. R., & Lau, M. (2004). Mindfulness: A proposed operational definition. *Clinical Psychology: Science and Practice, 11*(3), 230–241.

Brown, P., & Levinson, S. C. (1987). *Politeness. Some universals in language usage*. Cambridge: Cambridge University Press.

Clases, C., & Wehner, T. (2000). Gefangenendilemma. In G. Wenninger (Hrsg.): Lexikon der Psychologie. © Spektrum Akademischer Verlag. https://www.spektrum.de/lexikon/psychologie/gefangenendilemma/5587. Zugegriffen: 23. Mai 2019.

Deutsch, M. (1949). A theory of co-operation and competition. *Human Relations, 2*, 129–152.

Dießel, M. (2012). *Die Wirkung von Vertrauen und Misstrauen auf Entscheidungen in sozialen Interaktionen*. Eine kognitiv-neurowissenschaftliche Untersuchung dissertation, Bonn: Universität Bonn.

Goleman, D. (1997). *Emotionale Intelligenz*. München: dtv.

Goleman, D. (1999). *EQ2 – Der Erfolgsquotient*. München: dtv.

Grice, P. (1967). Logic and Conversation. In P. Cole & J. Morgan (Hrsg.), *Speech Acts, Syntax and Semantics* (Bd. 12). New York: Academic Press.

Grossmann, R., Lobnig, H., & Scala, K. (2007). *Kooperationen im Public Management – Theorie und Praxis erfolgreicher Organisationsentwicklung in Leistungsverbünden, Netzwerken und Fusionen*. Weinheim: Juventa Verlag.

Hacker, W. (1998). *Arbeitspsychologie*. Bern: Huber.

Hubig, C. (2014). Vertrauen und Glaubwürdigkeit als konstituierende Elemente der Unternehmenskommunikation. In A. Zerfaß & M. Piwinger (Hrsg.), *Handbuch Unternehmenskommunikation* (S. 351–370). Wiesbaden: Springer Gabler.

Irle, G. (2006). *Das Identitätsmanagement kooperierender Teams*. Berlin: LIT.

Kabat-Zinn, J. (1988). *Im Alltag Ruhe finden*. Freiburg: Herder.

© Springer Fachmedien Wiesbaden GmbH, ein Teil von Springer Nature 2019
S. Pastoors und H. Ebert, *Psychologische Grundlagen zwischenmenschlicher Kooperation*, essentials, https://doi.org/10.1007/978-3-658-27291-3

Kleinbeck, U. (2000). Spieltheorie. In G. Wenninger (Hrsg.): Lexikon der Psychologie. © Spektrum Akademischer Verlag. https://www.spektrum.de/lexikon/psychologie/spieltheorie/14639. Zugegriffen: 23. Mai 2019.

König, E. (1991). Kooperation: Pädagogische Perspektiven für die Schule. In J. Wissinger & H. S. Rosenbusch (Hrsg.), *Motivation durch Kooperation* (S. 7–18). Braunschweig: SL Verlag.

Küpers, W., & Weibler, J. (2005). *Emotionen in Organisationen*. Stuttgart: Kohlhammer.

LeMar, B. (1997). *Kommunikative Kompetenz. Der Weg zum innovativen Unternehmen*. Berlin: Springer.

Lüger, H. H. (2001). Höflichkeit und Höflichkeitsstile. In H. H. Lüger (Hrsg.), *Höflichkeitsstile* (S. 3–23). Frankfurt a. M.: Lang.

Luhmann, N. (2014). *Vertrauen*. Konstanz: UTB.

Mast, C. (2016). *Unternehmenskommunikation*. Konstanz: UTB.

Meyers, R. (2000). Theorien internationaler Kooperation und Verflechtung. In W. Woyke (Hrsg.), *Handwörterbuch internationale Politik* (S. 448–489). Opladen: Westdeutscher Verlag.

Milner, H. (1992). International theories of co-operation among nations. *Strengths and Weaknesses. World Politics, 44*, 466–496.

Müsseler, J. (2000). Aufmerksamkeit. In G. Wenninger (Hrsg.): Lexikon der Psychologie. © Spektrum Akademischer Verlag. http://www.spektrum.de/lexikon/psychologie/aufmerksamkeit/1655. Zugegriffen: 3. Dez. 2016.

Nerdinger, F. W., Blickle, G., & Schaper, N. (2014). *Arbeits- und Organisationspsychologie*. Berlin: Springer.

O'Connor, J., & Seymour, J. (2009). *Neurolinguistisches Programmieren: Gelungene Kommunikation und persönliche Entfaltung*. Kirchzarten: VAK.

Pastoors, S. (2005). *Anpassung um jeden Preis: Die europapolitischen Strategien der Niederlande in den Neunziger Jahren*. Münster: Waxmann.

Payer, H. (2014): Erfolgsfaktor K – Formen und Merkmale erfolgreicher Kooperation. *Supervision – Die Zeitschrift für Beraterinnen und Berater, 2*, 4–10.

Rogall, H. (2012). *Nachhaltige Ökonomie*. Marburg: Metropolis.

Rolke, L. (2005). Wertschöpfende Unternehmenskommunikation nach dem Stakeholder-Kompass. In G. Bentele, M. Piwinger, & G. Schönborn (Hrsg.), *Kommunikationsmanagement* (Losbl. 2001ff., Art. 4.16, S. 1–28). Neuwied: Luchterhand.

Rosenbusch, H. S. (2005). *Organisationspädagogik der Schule. Grundlagen pädagogischen Führungshandelns*. Neuwied: Luchterhand.

Salovey, P., & Mayer, J. (1990). Emotional intelligence. *Imagination, Cognition and Personality, 9*(3), 185–211.

Schlizio, B., Schürings, U., & Thomas, A. (2009). *Beruflich in den Niederlanden. Trainingsprogramm für Manager, Fach- und Führungskräfte*. Göttingen: Vandenhoek & Ruprecht.

Schreyögg, G., & Koch, J. (2010). *Grundlagen des Managements – Basiswissen für Studium und Praxis*. Wiesbaden: Gabler.

Schuh, G., Friedli, T., & Kurr, M. A. (2005). *Kooperationsmanagement*. München: Hanser.

Schulz von Thun, F. (1998). *Miteinander reden. Das „innere Team" und situationsgerechte Kommunikation*. Reinbek bei Hamburg: rororo.

Schwarz-Friesel, M. (2007). *Sprache und emotion*. Tübingen: UTB.

Sennett, R. (2014). *Zusammenarbeit*. München: dtv.

Spieß, E. (2000). Kooperation. In G. Wenninger (Hrsg.): Lexikon der Psychologie. © Spektrum Akademischer Verlag. https://www.spektrum.de/lexikon/psychologie/kooperation/8201. Zugegriffen: 23. Mai 2019.

Stahl, H. K., & Klee, A. (2001). Die Realisierung einer außenorientierten Reputationspolitik. In H. H. Hinterhuber & H. K. Stahl (Hrsg.), *Fallen die Unternehmensgrenzen? Beiträge zur Außenorientierung der Unternehmensführung. Innsbrucker Kolleg für Unternehmensführung* (Bd. 3, S. 18–40). Renningen: garant.

Stahl, H. K., & Menz, F. (2014). *Handbuch Stakeholder-Kommunikation. Überzeugende Sprache in der Unternehmenspraxis*. Berlin: ESV.

Tjosvold, D. (1984). Cooperation theory and organizations. *Human Relations, 37,* 743–767.

Trivers, R. (1971). The evolution of reciprocal altruism. *The Quarterly Review of Biology, 46*(1), 35–57.

Ulrich, P. (1991). Zur Ethik der Kooperation in Organisationen. In R. Wunderer (Hrsg.), *Kooperation. Gestaltungsprinzipien und Steuerung der Zusammenarbeit zwischen Organisationseinheiten* (S. 69–90). Stuttgart: Metzler.

von der Linde, B., & von der Heyde, A. (2007). *Psychologie für Führungskräfte*. München: Haufe.

von Rosenstiel, L., Molt, W., & Rüttinger, B. (2005). *Organisationspsychologie. Grundriss der Psychologie* (Bd. 22). Stuttgart: Kohlhammer.

Waldenfels, B. (2004). *Phänomenologie der Aufmerksamkeit*. Frankfurt a. M.: Suhrkamp.

Wehrle, M. (2013). *Horizonte der Aufmerksamkeit*. München: Fink.

Welsh, S., & Kersten, C. (2013). *Worldly women. The new leadership profile*. Bloomington: iUniverse.